Allgemeine Systemanalyse

von
Prof. Dr. Gert Heinrich
Berufsakademie Villingen-Schwenningen

R. Oldenbourg Verlag München Wien

Bibliografische Information der Deutschen Nationalbibliothek

Die Deutsche Nationalbibliothek verzeichnet diese Publikation in der Deutschen Nationalbibliografie; detaillierte bibliografische Daten sind im Internet über <http://dnb.d-nb.de> abrufbar.

© 2007 Oldenbourg Wissenschaftsverlag GmbH
Rosenheimer Straße 145, D-81671 München
Telefon: (089) 45051-0
oldenbourg.de

Das Werk einschließlich aller Abbildungen ist urheberrechtlich geschützt. Jede Verwertung außerhalb der Grenzen des Urheberrechtsgesetzes ist ohne Zustimmung des Verlages unzulässig und strafbar. Das gilt insbesondere für Vervielfältigungen, Übersetzungen, Mikroverfilmungen und die Einspeicherung und Bearbeitung in elektronischen Systemen.

Lektorat: Wirtschafts- und Sozialwissenschaften, wiso@oldenbourg.de
Herstellung: Anna Grosser
Coverentwurf: Kochan & Partner, München
Cover-Illustration: Hyde & Hyde, München
Gedruckt auf säure- und chlorfreiem Papier
Druck: Grafik + Druck, München
Bindung: Thomas Buchbinderei GmbH, Augsburg

ISBN 978-3-486-58365-6

Quinn Eschenbach
WWI C

Vorwort

Schon seit einigen Jahren verlangen die Studierenden an den verschiedensten Einrichtungen wie Universitäten, Fachhochschulen und den Berufsakademien in Baden-Württemberg kompakte Lehrbücher mit einem vernünftig dosierten Anteil an Übungsaufgaben mit vollständigen Lösungen. Im Zuge der Umstellung von den Diplomstudiengängen auf die neuen Abschlüsse Bachelor und Master kann diesem Wunsch bestens entsprochen werden, da sämtliche Vorlesungsinhalte in Form von Modulen beschrieben werden, die an allen Studieneinrichtungen größtenteils inhaltlich übereinstimmen.

In einem Phasenmodell stellt die **Systemanalyse** eine der frühen Phasen der Systementwicklung dar, in der die Grundlagen für die Neuentwicklung bzw. für die Verbesserung eines Systems geschaffen werden.

In der **allgemeinen Systemanalyse** werden allgemeine Vorgehensweisen, Modelle und Werkzeuge betrachtet. Diese haben nahezu keinen speziellen Einfluss auf die Inhalte und Prozesse der folgenden Phasen Systementwurf und Realisierung. Aus diesem Grund können sie für beliebige Systeme, besonders aber für komplete IT-Systeme und zur Softwareentwicklung eingesetzt werden.

Im Gegensatz dazu werden in der **objektorientierten Systemanalyse** spezielle Vorgehensweisen, Modelle und Werkzeuge vorgestellt. Beim Zauberwort Objektorientierung wird versucht, durchgängige Konzepte, Modelle, Methoden und Werkzeuge über alle Phasen der Systementwicklung einzusetzen.

Dieses Werk beinhaltet den ersten Teil der Systemanalyse, die **allgemeine Systemanalyse.**

Im einleitenden Kapitel werden zuallererst Betrachtungen über den Begriff Systemanalyse angestellt, da dieser in der Literatur nicht immer einheitlich verwendet wird. Deshalb werden unterschiedliche Zugänge zur Systemanalyse gezeigt und schließlich ein Phasenmodell der Systementwicklung vorgeschlagen.

Im folgenden Kapitel, dem Hauptteil dieses Werks, wird die Systemanalyse einschließlich aller wichtigen Überlegungen, Bestandteile, Tätigkeiten und Ergebnisse ausführlich dargestellt. Dies umfasst besonders die beiden Bestandteile Istanalyse und Sollkonzept. Aber auch alle anderen Phasen der Systementwicklung und alle die Systemanalyse begleitenden Prozesse werden komprimiert vorgestellt.

Das letzte Kapitel beinhaltet die wichtigsten speziellen Vorgehensmodelle für die Softwareentwicklung.

Den Abschluss eines jeden Kapitels bilden Übungsaufgaben. Ein großer Teil dieser Aufgaben bezieht sich auf eine Fallstudie, die sich wie ein roter Faden durch das ganze Buch zieht und dabei alle Prozesse und Ergebnisse vom Aufstellen eines Projektauftrags in der Phase Projektbegründung bis zur Erstellung des Pflichtenhefts als Abschluss der Systemanalyse enthält. Zu allen Aufgaben gibt es ausführliche Lösungen.

Die Inhalte der **objektorientierten Systemanalyse** sind in einem weiteren Band dieser Reihe zu finden: Heinrich/Stuck: Objektorientierte Systemanalyse.

Für die kritische Durchsicht des Manuskripts und das unermüdliche Korrekturlesen bedanke ich mich bei meiner Frau Susanne Heinrich. Mein Dank gilt auch Herrn Wirtschaftsassistent Björn Biernatzki für die vielen Hinweise zum Abschnitt Vorgehensmodelle für die Softwareentwicklung.

Mein besonderer Dank gilt Herrn Dr. Jürgen Schechler vom Oldenbourg-Verlag für die angenehme Zusammenarbeit bei der Entstehung dieses Buches.

Für Hinweise auf Fehler und Verbesserungsvorschläge bin ich jedem Leser dankbar.

Villingen-Schwenningen, im Februar 2007   Gert Heinrich

Inhalt

Vorwort V

Abbildungsverzeichnis IX

1 Grundlagen 1
1.1 Einführendes Beispiel 1
1.2 Die Systemanalyse als Teil von Phasenmodellen 2
1.3 Definition des Systembegriffs 6
1.4 Modellierung bzw. Modell-Bildung 9
1.5 Aufgaben 11

2 Systemanalyse im Phasenmodell und parallele Prozesse 13
2.1 Parallele Prozesse 14
2.1.1 Projektmanagement 14
2.1.2 Qualitätsmanagement 20
2.1.3 Konfigurationsmanagement 20
2.2 Projektbegründung 20
2.3 Systemanalyse 25
2.3.1 Istanalyse 25
2.3.1.1 Definition und Aufgaben 25
2.3.1.2 Erhebungs- bzw. Erfassungsmethoden 29
2.3.1.3 Darstellungsmethoden 35
2.3.1.4 Potentialanalyse 46
2.3.2 Sollkonzept 47
2.4 Systementwurf 50
2.5 Realisierung 52
2.6 Einführung 53
2.7 Aufgaben 54

3	**Vorgehensmodelle für die Softwareentwicklung**	**63**
3.1	Softwarelebenszyklus	63
3.2	Vergleich konventionelles und objektorientiertes Modell	65
3.3	Code and Fix	67
3.4	Wasserfallmodell	67
3.5	Prototyping	69
3.6	Iterativ inkrementelles Modell	71
3.7	Spiralmodell	71
3.8	V-Modell	73
3.8.1	V-Modell 97	75
3.8.2	V-Modell XT	75
3.9	Rational Unified Process	76
3.10	XP	80
3.11	Aufgaben	82
4	**Lösungen**	**83**
4.1	Lösungen zu Kapitel 1	83
4.2	Lösungen zu Kapitel 2	89
4.3	Lösungen zu Kapitel 3	130
Literatur- und Quellenverzeichnis		**133**
Index		**137**

Abbildungsverzeichnis

ABB. 1.1: SYSTEMANALYSE ALS GESAMTER ENTWICKLUNGSPROZESS 3
ABB. 1.2: SYSTEMANALYSE ALS FRÜHE PHASE 4
ABB. 1.3: SYSTEMANALYSE ALS FRÜHE PHASE, AUFGETEILT 4
ABB. 1.4: SYSTEMANALYSE ALS ITERATIVER PROZESS 5
ABB. 1.5: SYSTEMANALYSE, ITERATIV ALS FRÜHE PHASE 6
ABB. 1.6: DARSTELLUNG VON SYSTEMEN 7
ABB. 2.1: SYSTEMANALYSE, ITERATIV ALS FRÜHE PHASE 13
ABB. 2.2: ÜBERGANG PROJEKTBEGRÜNDUNG - SYSTEMANALYSE 21
ABB. 2.3: ÜBERGANG ISTANALYSE – SOLLKONZEPT 25
ABB. 2.4: ISTANALYSE 26
ABB. 2.5: INFORMATION IM UNTERNEHMEN 28
ABB. 2.6: INFORMATIONSVERLAGERUNG IM UNTERNEHMEN 28
ABB. 2.7: DATENFLUSSDIAGRAMM 37
ABB. 2.8: FORMULAR FÜR EINEN DATENKATALOG 38
ABB. 2.9: FORMULAR FÜR EINEN DATENKATALOG, FA. KLICK UND KLACK 41
ABB. 2.10: ENTSCHEIDUNGSBAUM 43
ABB. 2.11: ÜBERGANG SOLLKONZEPT – SYSTEMENTWURF 47
ABB. 2.12: ENTWICKLUNGSMÖGLICHKEITEN AUSGEHEND VOM SOLLKONZEPT 48
ABB. 3.1: SOFTWARELEBENSZYKLUS 64
ABB. 3.2: KONVENTIONELLES VORGEHEN 66
ABB. 3.3: OBJEKTORIENTIERTES VORGEHEN 66
ABB. 3.4: WASSERFALLMODELL MIT 8 PHASEN 68
ABB. 3.5: SPIRALMODELL 72
ABB. 3.6: V-MODELL 74
ABB. 3.7: RATIONAL UNIFIED PROCESS (RUP) 78

1 Grundlagen

Das Aufgabengebiet der Systemanalyse ist in der Systementwicklung bzw. der Systemerstellung einer der wichtigsten Prozesse. In der Literatur wird der Begriff Systemanalyse allerdings nicht einheitlich verwendet. Dabei umfasst das Spektrum durchaus sehr gegensätzliche Sichtweisen. Es reicht von der Definition, dass die Systemanalyse lediglich eine der frühen Phasen der Systementwicklung ist bis zur völligen Gleichstellung des Begriffs Systemanalyse und Systementwicklung.

Aus diesem Grund werden in diesem Kapitel zuerst die verschiedenen Sichtweisen der Systemanalyse dargestellt. Es beginnt mit einer Diskussion über den Begriff selbst und der Einordnung der Phase der Systemanalyse in den Gesamtprozess der Systementwicklung. Es werden vier verschiedene Ansätze aus der aktuellen Literatur vorgestellt und deren Eigenschaften besprochen. Daran anschließend wird ein Gesamtmodell vorgestellt, in dem die Systemanalyse eine frühe Phase der Systementwicklung ist und das die Systementwicklung als Teil eines Gesamtprozesses mit den weiteren Bestandteilen Projektmanagement, Qualitätsmanagement und Konfigurationsmanagement sieht. Diese Sichtweise und die Aufgabe der so definierten Systemanalyse werden in Kapitel zwei ausführlich besprochen.

Abschließend werden noch die zwei wichtigsten Begriffe, die für das Verständnis der Systemanalyse unentbehrlich sind, nämlich die des Systems und des Modells, ausführlich vorgestellt.

1.1 Einführendes Beispiel

Das folgende Beispiel dient dem gesamten Werk als Fallstudie. Es ist eine praktische Studie, an der alle wichtigen Bestandteile der Systemanalyse gezeigt werden können.

Fallstudie:

Eines Tages kommt Herr Hans Frisch, Geschäftsführer des Direktmarketingunternehmens Klick und Klack zu Herrn Gerhard Heinerl, seinem Projektleiter für IT-Projekte mit folgendem Anliegen: Unser Unternehmen führt Werbephasen durch, bei denen potentielle Kunden durch Werbesendungen angeschrieben werden. Diese Werbebriefe enthalten ein Bestellformular, womit der Neukunde seine Produkte bestellen kann. Bis zum heutigen Zeitpunkt werden diese Belege von speziell für diese Werbephasen eingestellten Aushilfskräften manuell mittels verschiedener Eingabehilfen in ein PC-System eingegeben. Die damit verbundenen Probleme veranlassen mich zu folgendem Auftrag: Machen Sie sich Gedanken über ein nahezu voll-automatisches System zur Formulardatenerfassung und legen Sie mir eine Entscheidungsgrundlage mit Wirtschaftlichkeitsanalyse vor.

In den folgenden Kapiteln wird gezeigt, wie Gerhard Heinerl diese sehr anspruchsvolle Aufgabe mit Hilfe der Systemanalyse lösen kann.

1.2   Die Systemanalyse als Teil von Phasenmodellen

Die Systemanalyse ist einer der bedeutendsten Begriffe bei der Entwicklung von IT-Systemen bzw. reinen Softwaresystemen. Obwohl das Hauptaugenmerk in diesem Buch Systemen dieser Art gilt, werden im Folgenden Modelle betrachtet, die allgemeingültig sind und ursprünglich aus der übergeordneten Wissenschaft, der allgemeinen Systemtheorie, stammen.

Alle Erkenntnisse, Methoden und Vorgehensweisen dieser allgemeinen Modelle können in den verschiedenen, speziell zur Softwareentwicklung zur Verfügung stehenden Modellen verwendet werden. Spezielle Phasenmodelle zur Entwicklung von Softwaresystemen werdend deshalb erst im Kapitel drei vorgestellt, da die speziellen Eigenschaften von Softwaresystemen bei allgemeineren Modellen noch keine Rolle spielen.

Was ist also die Systemanalyse und wie kann sie in vernünftige Phasenmodelle integriert werden? Diese Fragen sollen in diesem Abschnitt geklärt und auch die vorab angekündigte Diskussion über die verschiedenen Zugänge zum Begriff Systemanalyse vorgenommen werden.

Nimmt man den Begriff wörtlich auseinander, so bedeutet er die Analyse von Systemen. Was ist aber die Analyse von Systemen? Und gerade hier unterscheiden sich die unterschiedlichen Betrachtungsweisen.

Das am weitesten reichende Vorgehensmodell der Systemanalyse stellt Krallmann [16] vor. Es ist ein Phasenmodell, das aus fünf aufeinander folgenden Phasen besteht:

1.2 Die Systemanalyse als Teil von Phasenmodellen

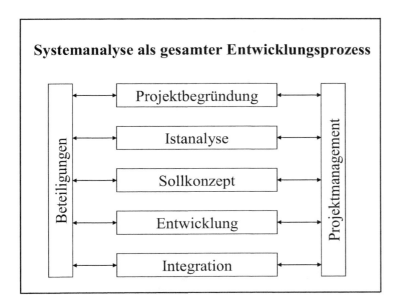

Abb. 1.1: Systemanalyse als gesamter Entwicklungsprozess

In diesem Modell wird die Systemanalyse als der gesamte Entwicklungsprozess verstanden. Dies führt häufig zu begrifflichen Schwierigkeiten der Beteiligten. Aus diesem Grund wird dieses Modell von vielen Autoren als Metamodell der gesamten Systementwicklung verstanden, das dann je nach Anwendungsgebiet verfeinert wird, sowohl im Detaillierungsgrad als auch im Aufbrechen der Phasenschritte bzw. der Aktivitäten.

Kommen wir deshalb wieder zu der Definition der Systemanalyse als Analyse von Systemen zurück. Wird der Prozess so verstanden, dann stellt die Systemanalyse eine der frühen Phasen der gesamten Systementwicklung dar. Es wird entweder ein noch nicht existierendes System beschrieben, wie es schließlich in seiner Idealform aussehen und funktionieren soll, oder ein schon bestehendes, produktives System beschrieben mit dem Ziel, es entweder zu dokumentieren oder zu verändern bzw. zu verbessern. Die folgenden drei Modelle verstehen die Systemanalyse als diesen frühen Prozess, unterscheiden sich aber doch in einigen Punkten.

Häuslein [8] stellt das folgende Modell vor. Es ist ein reines Phasenmodell, bei dem die Systemanalyse eben nur als Teil einer frühen Phase der gesamten Systementwicklung gesehen wird. Die Systemanalyse wird nicht einmal als Phase gesehen, sondern sie stellt nur den zweiten Bestandteil der ersten Phase Problemanalyse & Spezifikation dar. In diesem Modell sind auch keine Iterationen vorgesehen.

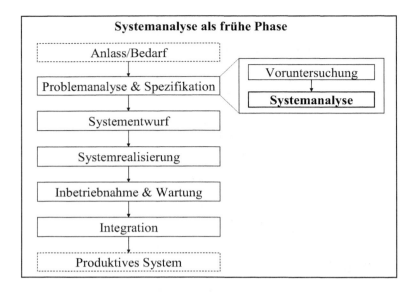

Abb. 1.2: Systemanalyse als frühe Phase

Eine Kombination der Modelle von Krallmann und Häuslein nehmen Stahlknecht und Hasenkamp [27] vor, wobei deren Modell in den späten Phasen IT-lastig ist:

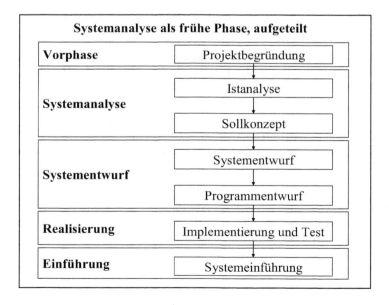

Abb. 1.3: Systemanalyse als frühe Phase, aufgeteilt

1.2 Die Systemanalyse als Teil von Phasenmodellen

Die SOPHIST GROUP [26] sieht im Gegensatz dazu die Systemanalyse nicht als Phase in einem nacheinander ablaufenden Phasenmodell, sonders als Bestandteil eines iterativen Modells, in dem Phasen größtenteils parallel ablaufen können:

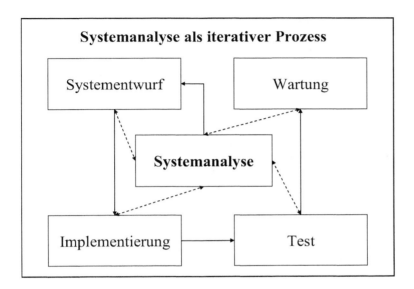

Abb. 1.4: Systemanalyse als iterativer Prozess

Der Weg der durchgezogenen Pfeile stellt den üblichen, phasenbezogenen Weg dar, die gestrichelten Pfeile deuten an, dass es ständig Interaktionen zur Systemanalyse gibt und es durchaus sein kann, dass Erkenntnisse oder Ergebnisse aus früheren Phasen überarbeitet, geändert oder verworfen werden müssen.

Im vorliegenden Werk wird eine Kombination der zuvor vorgestellten Modelle der Systemanalyse verwendet, wobei die gesamte Systementwicklung noch mit drei Managementmodellen versehen wird, deren Aufgabe die Steuerung, die Qualitätssicherung und die individuelle Konfiguration ist. Die Systemanalyse wird hier als zweite Phase in einem fünfphasigen, iterativen Modell der Systementwicklung gesehen. Die Phasen laufen streng genommen hintereinander ab, wobei die Ergebnisse jeder Phase als Input für die nächste Phase vordefiniert sind und zur Verfügung stehen müssen. Der iterative Teil des Modells entsteht durch die möglichen Rücksprünge zur Phase der Systemanalyse.

Dieses Modell wird im dritten Kapitel ausführlich besprochen.

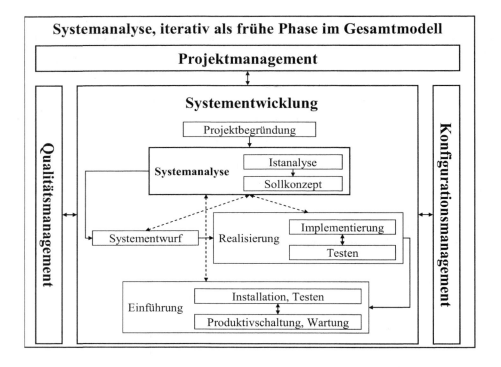

Abb. 1.5: Systemanalyse, iterativ als frühe Phase

1.3 Definition des Systembegriffs

Systeme treten im täglichen Leben häufig auf, etwa Sonnensysteme, ökologische Systeme, Verkehrssysteme, Rechnersysteme, Informationssysteme, lineare Gleichungssysteme oder Wirtschaftssysteme. Es ist leicht zu erkennen, dass es sich um Systeme handeln soll, da der Begriff selbst ein Teil der Namensgebung ist. Aber auch andere Konstruktionen wie Autos, Fahrkartenautomaten, Menschen, Pflanzen, Tiere, Familien, Computer oder Netzwerke sind Systeme.

Als erste Erkenntnis aus diesen Beispielen bestehen Systeme aus Elementen, haben Grenzen und Ziele und nehmen irgendwelche Dinge zur Verarbeitung auf und geben produzierte Dinge wieder her.

Aus diesen Erkenntnissen wird der Systembegriff definiert:

1.3 Definition des Systembegriffs

> Ein **System** besteht aus einer Menge von Elementen. Diese Elemente sind durch Beziehungen (Relationen) miteinander verbunden. Die Systemgrenze trennt es von seiner Umwelt. Der Einfluss der Umwelt (also die Eingaben in das System) auf ein System stellt den Input des Systems dar, während der Einfluss eines Systems auf seine Umwelt (also die Ausgaben des Systems) den Output darstellt.

Darstellung von Systemen

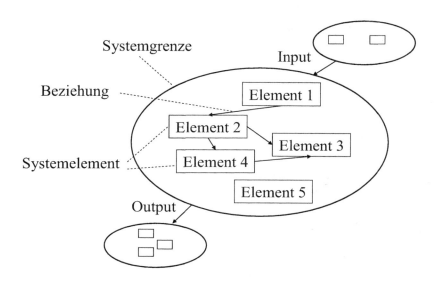

Abb. 1.6: Darstellung von Systemen

Eine etwas abstraktere Definition des Systembegriffs, die in der so genannten objektorientierten Denkweise eine Rolle spielt, ist die folgende:

> Ein **System** ist ein Teil der Welt, der von einer Person oder einer Gruppe von Personen während eines bestimmten Zeitraums und zu einem bestimmten Zweck als eine aus Komponenten (Objekten) gebildete Einheit betrachtet wird. Dabei wird jede Komponente durch Merkmale (Attribute) und durch Aktionen (Methoden), die in Beziehung zu diesen Merkmalen und zu den Merkmalen anderer Komponenten stehen, beschrieben.

In der Systemtheorie wird ein System häufig nicht als realer Gegenstand, sondern als Modell der Realität aufgefasst. Ein Modell ist nicht richtig oder falsch, sondern mehr oder weniger zweckmäßig.

Als Beispiel soll ein Fahrkartenautomat betrachtet werden. Die Elemente sind alle Einzelteile (Bleche, Schrauben, elektronische Komponenten, usw.), die Beziehungen sind die mechanischen oder elektronischen Abläufe des Automaten oder auch das Zusammenspiel der Elemente, um die Anforderung des Kunden zu erfüllen. Die Systemgrenze ist seine Außenhülle. Der (sinnvolle) Input ist Geld oder eine Kreditkarte, der (sinnvolle) Output ist eine Fahrkarte, Rückgeld und eine Quittung.

Systeme werden aufgrund spezieller Ausprägungen von sinnvollen Eigenschaften klassifiziert. Die folgende Tabelle gibt die wichtigsten Klassifikationen von Systemen an.

Eigenschaft des Systems	konkurrierende Ausprägungen	
Entstehungsart	natürlich	künstlich
Lebensbereich	real	ideell
Beziehung zur Umwelt (Außenbeziehung)	geschlossen	offen
Konkretisierungsgrad	konkret	abstrakt
Abhängigkeit der Eigenschaften von der Zeit	nein, dann statisch	ja, dann dynamisch
Verhalten vom Zufall abhängig	nein, dann deterministisch	ja, dann stochastisch

Entstehungsart: Natürliche Systeme sind ohne Zutun der Menschen entstanden, künstliche Systeme sind von Menschenhand geschaffen worden.

Lebensbereich: Reale Systeme bestehen aus materiellen Elementen, ideelle Systeme sind Produkte menschlichen Denkens, immateriell und oft durch Symbole dargestellt.

Beziehung zur Umwelt: Gibt es weder Input noch Output, so handelt es sich um ein geschlossenes System. Ein offenes System dagegen besitzt Eingabe- bzw. Ausgabeelemente.

Konkretisierungsgrad: Konkrete Systeme sind wirklich und greifbar, abstrakte Systeme dagegen haben reinen Modellcharakter.

Abhängigkeit der Eigenschaften von der Zeit: Statische Systeme verändern ihren Zustand nicht in Abhängigkeit von der Zeit, dynamische Systeme dagegen sehr wohl.

Verhalten vom Zufall abhängig: Hängt der Zustand des Systems vom Zufall ab, so spricht man von stochastischen Systemen, andernfalls von deterministischen Systemen.

Beispiel:

Das System der natürlichen Zahlen mit der Addition ist
- künstlich
- ideell

- geschlossen
- konkret
- statisch
- deterministisch.

Ein Informationssystem ist
- künstlich
- real
- offen
- konkret
- dynamisch
- stochastisch.

1.4 Modellierung bzw. Modell-Bildung

Modelle sind bei der Arbeit mit Systemen ein unerlässliches Hilfsmittel. Sie dienen der Veranschaulichung von ausgewählten Sachverhalten zu einem bestimmten Zweck, wobei nicht relevante Punkte im Modell einfach weggelassen werden.

In der folgenden Definition ist der Modellbegriff angegeben.

> Ein **Modell** ist eine zweckorientierte Abstraktion (Reduktion auf das Wesentliche) mit dem Ziel, ein System darzustellen bzw. zu verstehen, bevor es wirklich gebaut wird. Das Ziel der Abstraktion ist, die für einen bestimmten Zweck wichtigen Dinge hervorzuheben und die unwichtigen Dinge zu ignorieren.

Eine etwas abstraktere Definition des Modellbegriffs, die in der so genannten objektorientierten Denkweise eine Rolle spielt, ist die folgende:

> Ein **Modell** ist ein strukturtreues und verhaltenstreues Bild des für ein Anwendungssystem relevanten Ausschnitts der Wirklichkeit.

Die folgenden Beispiele beschreiben einige Modelle, wie sie im täglichen Leben häufig vorkommen.

1. Ein Architekt baut ein 3-dimensionales Papiermodell eines Gebäudes. Was möchte er damit darstellen und was interessiert hier überhaupt nicht? Er möchte etwa seinem Auftraggeber die Größenverhältnisse zeigen oder die Position der Fenster und die Lage des Gebäudes auf dem gesamten Grundstück demonstrieren. In einem solchen Modell kann man dann auch Überlegungen anstellen, wie z.B. die Gestaltung der einzelnen Zimmer mit Möbeln usw. vorgenommen werden kann. In diesem Modell spielen die folgenden Aspekte überhaupt keine Rolle: elektrische Leitungen, Wasserleitungen, Tapeten, die Farbe der Außenfassade, die Gestaltungen der Zimmertüren, usw.

2. Ein Bildhauer benutzt häufig konkrete Modelle, um etwa eine Skulptur anzufertigen. Dabei interessiert ihn nur das Erscheinungsbild und der Ausdruck des Modells, das biologische Innenleben ist unerheblich für ihn.

3. Ein Mathematiker erstellt für viele Problemstellungen Modelle. Die folgende, eher heiter gehaltene Aufgabe zeigt dies. Ein hochnäsiger Städter fragt einen Bauern nach der Anzahl seiner Kühe und Hühner. Der Bauer antwortet etwas patzig, dass seine Tiere 576 Beine und 198 Köpfe haben. Der Städter wird wohl durch Probieren irgendwann die Anzahl der Tiere herausfinden, der Mathematiker erstellt ein Modell:

    Sei dazu x die Anzahl der Kühe und y die Anzahl der Hühner.
    Dann gilt: $4x + 2y = 576$ und
    $x + y = 198$.
    Gesucht sind zwei natürliche Zahlen x und y, die beide Gleichungen erfüllen.

Modelle werden häufig nach Nutzungskategorien unterschieden. Die folgende Übersicht zeigt einige dieser Kategorien.

Nutzungskategorie bzw. Darstellungsart	Beschreibung
Beschreibungsmodelle oder sprachliche Modelle	Hier werden die Eigenschaften durch sprachliche Konstrukte angegeben. Diese Modelle werden speziell zur Dokumentation eingesetzt.
ikonische Modelle	Die Eigenschaften werden durch bildhafte Eigenschaften dargestellt.
symbolische Modelle	Die Eigenschaften werden durch Formeln oder Symbole angegeben.
gegenständliche Modelle	Hier werden dreidimensionale Objekte der materiellen Welt dargestellt.
analoge Modelle	Die abgebildeten Eigenschaften des Originals werden durch andere Eigenschaften des Modells dargestellt, eine Übersetzungstabelle ist nötig. Die Eigenschaften werden kodiert.
mentale oder gedankliche Modelle	Es erfolgt ein Darstellen der Eigenschaften durch imaginäre bildliche, räumliche oder sprachliche Konstruktionen.
Erklärungsmodelle	Diese Modelle unterscheiden das Verhalten in Abhängigkeit von speziellen Annahmen und enthalten Hypothesen für die Erklärung der Zustände, jetzt und in der Zukunft.
Optimierungsmodelle	Hier ist der Zweck der Modellierung die Verbesserung der Zustände oder des gesamten Systems.
Prognosemodelle oder Simulationsmodelle	Hier steht die Vorhersage von Zuständen in der Zukunft bei stochastischen Systemen im Vordergrund.

Beispiele zu diesen Modellen werden in den Aufgaben zu diesem Kapitel angegeben.

1.5 Aufgaben

Aufgabe 1

Beschreiben Sie die folgenden Systeme im Hinblick auf die in der Definition eines Systems genannten Bestandteile:

(a) Mensch
(b) Immunsystem
(c) Blutkreislauf
(d) Ökosystem
(e) Gesundheitssystem
(f) Rentensystem
(g) Bildungssystem
(h) Computersystem
(i) Informationssystem
(j) Notensystem in der Musik.

Aufgabe 2

Geben Sie jeweils drei verschiedene Systeme mit den folgenden Eigenschaften an:

(a) natürlich
(b) künstlich
(c) real
(d) ideell
(e) geschlossen
(f) offen
(g) konkret
(h) abstrakt
(i) statisch
(j) dynamisch
(k) deterministisch
(l) stochastisch.

Aufgabe 3

Erklären Sie jeweils den Modellcharakter bei folgenden Beispielen:

(a) Landkarte
(b) Modelleisenbahn
(c) Bohr'sches Atommodell
(d) Skelettmodell eines Menschen
(e) Modell einer Benutzeroberfläche.

Aufgabe 4

Geben Sie jeweils mindestens drei verschiedene Beispiele aus der Praxis für die folgenden Modelle an:

(a) Beschreibungsmodelle oder sprachliche Modelle
(b) ikonische Modelle
(c) symbolische Modelle
(d) gegenständliche Modelle
(e) analoge Modelle
(f) mentale oder gedankliche Modelle
(g) Erklärungsmodelle
(h) Optimierungsmodelle
(i) Prognosemodelle oder Simulationsmodelle.

Aufgabe 5

Für welche drei wichtigen Fragestellungen werden bei der Systemanalyse Modelle benötigt?

Aufgabe 6

Bei der Systementwicklung gibt es drei wichtige Beteiligungsgruppen: die Anwender (User), die Entwickler (Developer) und die Geschäftsleitung (Manager). Geben Sie den Zweck der Modellierung für diese unterschiedlichen Gruppierungen an.

Aufgabe 7

Welche Fragen sollten bei der Modellierung in den Phasen Analyse und Entwurf stets berücksichtigt werden?

2 Systemanalyse im Phasenmodell und parallele Prozesse

Ein **Vorgehensmodell** gliedert den Prozess der Organisation in verschiedene, strukturierte Phasen, in denen standardisierte Methoden, Techniken und Werkzeuge eingesetzt werden. Die Aufgabe von Vorgehensmodellen ist es, die allgemein in einem Gestaltungsprozess auftretenden Aufgabenstellungen und Aktivitäten in einer vernünftigen Abfolge darzustellen. Ein Vorgehensmodell ist nichts anderes als ein Rezept oder eine Gebrauchsanweisung.

In diesem Kapitel wird der Prozess der Systementwicklung in einzelne Phasen zerlegt und das Zusammenspiel der Phasen definiert in Bezug auf Zeit, Abläufe und Iterationen. Betrachtet wird ausschließlich das schon im letzten Kapitel vorgestellte Vorgehensmodell:

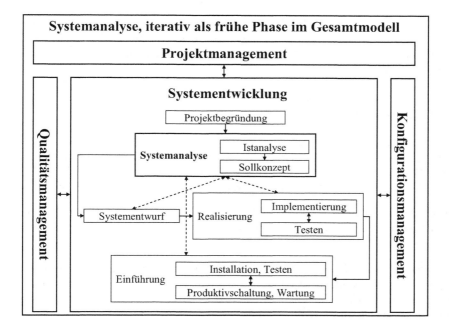

Abb. 2.1: Systemanalyse, iterativ als frühe Phase

Der Gesamtprozess der Systementwicklung besteht aus den fünf Phasen:

- Projektbegründung
- Systemanalyse
- Systementwurf
- Realisierung
- Einführung.

Die Phase der Systemanalyse zerfällt dabei in zwei Teilbereiche:

- Istanalyse
- Sollkonzept.

Der Gesamtprozess der Systementwicklung wird unterstützt, gelenkt und begleitet von drei parallelen Prozessen:

- Projektmanagement
- Qualitätsmanagement
- Konfigurationsmanagement.

2.1 Parallele Prozesse

In den folgenden drei Abschnitten werden die zur Systementwicklung notwendigen parallelen Prozesse Projektmanagement, Qualitätsmanagement und Konfigurationsmanagement kurz beschrieben, um eine Vorstellung der dort notwendigen Betrachtungsweisen und Arbeitstechniken zu erhalten.

2.1.1 Projektmanagement

Ein Großteil der heutigen Systeme wird durch die Organisationsstruktur eines Projektes gebaut. Dabei ist ein **Projekt** nach DIN 69901 ein Vorhaben, das im Wesentlichen durch die Einmaligkeit der Bedingungen in ihrer Gesamtheit gekennzeichnet ist, z. B. Zielvorgabe, zeitliche, finanzielle oder personelle Vorgaben, Abgrenzungen oder Organisationsformen.

Das Projektmanagement umfasst nach DIN 69901 die Gesamtheit von Führungsaufgaben, Führungsorganisation, Führungstechniken und Führungsmittel, um ein definiertes Projekt abzuwickeln.

Es existieren unterschiedliche Methoden des Projektmanagements, für die es meist individuelle Vorgehensmodelle gibt. Deren Auswahl richtet sich in den meisten Fällen nach der Größe und Komplexität des Projekts oder nach den Vorgaben (Projektauftrag) oder auch nach der speziellen Branche, aus der das Projekt stammt.

Da eine ausführliche Beschreibung der Disziplin Projektmanagement den Rahmen dieses Werks sprengen würde, wird im Folgenden nur die Netzplantechnik (NPT) vorgestellt, ein

2.1 Parallele Prozesse

Hilfsmittel zur Kontrolle komplexer Projekte mittels Struktur- und Zeitplanung, da dieses Verfahren auch im Teilprozess der Systemanalyse Verwendung findet. Weiterführende Literatur zum Projektmanagement sind die Werke von Burghardt [5], McConnell [18], Klose [15], Jenny [12] und Heilmann, Etzel, und Richter [9].

Am folgenden **Beispiel** aus der Praxis (siehe Heinrich/Grass [10]) wird die Struktur- und Zeitplanung mittels der Netzplantechnik vorgeführt.

Gegeben sei die Vorgangsliste aufgrund eines Angebots für den Einbau einer neuen EDV-Anlage:

Tätig-keit	Beschreibung	Dauer in Wochen	Vorgänger
A	Systemanalyse und Design	12	-
B	CPU-Anpassung	6	A
C	Konsolengeräte auswählen	1	A
D	Erstellen der Basisprogramme	10	A
E	Erstellen der Plausibilitäten	3	D
F	Erstellen der Individual-Software	20	D
G	Prüfen und Testen	1	B, C, E
H	Aufbau der gesamten Anlage	1	C
I	Installation und Abnahme	4	F, G, H

Gesucht sind ein Strukturplan und ein Zeitplan, um die EDV-Anlage möglichst schnell zu realisieren.

Dafür wird ein **mathematisches Modell** entwickelt.

Gegeben sei eine Vorgangsliste mit n Tätigkeiten in Form einer Tabelle mit folgenden Einträgen:

- Nummer (Bezeichnung) der Tätigkeit
- eventuell eine Beschreibung in Wortform
- Dauer der Tätigkeit
- alle Vorgänger einer Tätigkeit
- alle zeitlichen Mindestabstände (Wartezeiten) zum Vorgänger, falls diese nicht alle 0 sind.

Es werden die folgenden mathematischen Größen definiert:

$i, 1 \leq i \leq n$	Nummer der Tätigkeit
$t_i, 1 \leq i \leq n$	Dauer der Tätigkeit i
$d_{ij}, 1 \leq i, j \leq n$	zeitlicher Mindestabstand der Tätigkeit j zum Vorgänger i
$FAZ(i), 1 \leq i \leq n$	frühest möglicher Anfangszeitpunkt der Tätigkeit i
$FEZ(i), 1 \leq i \leq n$	frühest möglicher Endzeitpunkt der Tätigkeit i
$SAZ(i), 1 \leq i \leq n$	spätest möglicher Anfangszeitpunkt der Tätigkeit i
$SEZ(i), 1 \leq i \leq n$	spätest möglicher Endzeitpunkt der Tätigkeit i
$GP(i), 1 \leq i \leq n$	gesamte Pufferzeit der Tätigkeit i.

Gesucht sind bei gegebenen n, t_i, d_{ij} und der Vorgängerliste die Größen $FAZ(i)$, $FEZ(i)$, $SAZ(i)$, $SEZ(i)$ und $GP(i)$.

Für Netzpläne mit günstigen Eigenschaften können sehr schnell Berechnungsformeln für die gesuchten Größen gefunden werden. Dabei ist es angenehm, wenn der Netzplan keine Zyklen beinhaltet, also solche Wege, die an einen gewissen Ausgangspunkt wieder zurückkehren und so unendlich oft durchlaufen werden könnten. Sind keine Zyklen vorhanden, kann man die Nummerierung der Tätigkeiten so auswählen, dass ein Vorgänger immer eine kleinere Nummer hat als ein Nachfolger. Meist sind die Tätigkeiten aber in der Vorgangsliste schon so vernünftig nummeriert.

Strukturplanung

Ziel der Strukturplanung ist einzig und allein die graphische Darstellung der Tätigkeiten in Bezug auf den Fluss bzw. die Eigenschaften Vorgänger bzw. Nachfolger.

Dies geschieht durch die Symbole:

$\boxed{i \, / \, t_i}$	Rechteck mit Nummer der Tätigkeit und deren Dauer
$\xrightarrow{d_{ij}}$	Pfeil zwischen Vorgänger und Nachfolger, beschriftet mit dem zeitlichen Mindestabstand, falls dieser nicht 0 ist

2.1 Parallele Prozesse

Der Strukturplan für das Beispiel sieht wie folgt aus:

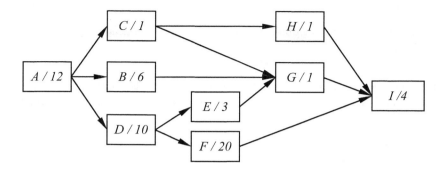

Da die Strukturplanung noch keine Zeitplanung beinhaltet, müssen hier Formeln entwickelt werden.

Zeitplanung

Die Berechnung der gesuchten Zeiten im oben erstellten Modell geschieht mit den nachfolgend dargestellten Formeln.

Gegeben sei eine Vorgangsliste mit n Tätigkeiten. Dabei gibt es nur einen Startknoten 1 (Knoten ohne einen Vorgänger) und einen Endknoten n (Knoten ohne einen Nachfolger). Der Netzplan enthält keine Zyklen.

Gegeben sind außerdem:

- Nummer $i, 1 \leq i \leq n$ der Tätigkeit
- Dauer $t_i, 1 \leq i \leq n$ der Tätigkeit
- alle Vorgänger einer Tätigkeit
- alle zeitlichen Mindestabstände $d_{ij}, 1 \leq i, j \leq n$ der Tätigkeit j zum Vorgänger i.

Wird die Menge aller Vorgänger einer Tätigkeit mit $V(i)$ und die Menge aller Nachfolger einer Tätigkeit mit $N(i)$ bezeichnet, so gilt:

$FAZ(1) = 0$,
$FAZ(i) = \max\{FEZ(a) + d_{ai} | a \in V(i)\}, 2 \leq i \leq n$,
$FEZ(i) = FAZ(i) + t_i, 1 \leq i \leq n$,
$SEZ(n) = FEZ(n)$,
$SEZ(i) = \min\{SAZ(p) - d_{ip} | p \in N(i)\}, 1 \leq i \leq n-1$,
$SAZ(i) = SEZ(i) - t_i, 1 \leq i \leq n$,
$GP(i) = SAZ(i) - FAZ(i), 1 \leq i \leq n$.

Die Berechnung der Größen $FAZ(i)$ und $FEZ(i)$ wird Vorwärtsrechnung genannt, die Berechnung der Größen $SAZ(i)$ und $SEZ(i)$ dagegen wird Rückwärtsrechnung genannt.

Ein Weg vom Startknoten zum Endknoten heißt kritischer Pfad, falls die Summe aller Pufferzeiten gleich 0 ist. Verzögerungen bei den einzelnen Tätigkeiten wirken sich in jedem Fall negativ auf das Ende des gesamten Prozesses aus.

Am einfachsten werden diese Zeiten anhand des Strukturplans ermittelt. Dabei werden die Rechtecke durch komplexere Darstellungen ersetzt, die eben alle zu bestimmenden Zeiten enthalten:

i	t_i
$FAZ(i)$	$SAZ(i)$
$FEZ(i)$	$SEZ(i)$
$GP(i)$	

Vorwärtsrechnung: Bestimmung der Zeiten $FAZ(i)$ und $FEZ(i)$

Dies geschieht in Schritten, wobei pro Schritt immer alle Zeiten derjenigen Tätigkeiten bestimmt werden, für die alle Zeiten aller Vorgänger schon bestimmt wurden.

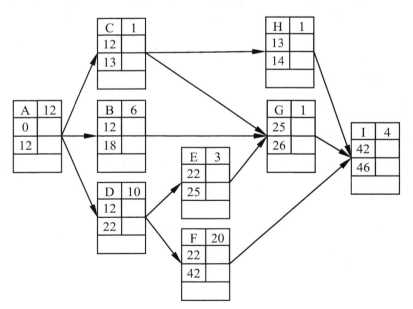

2.1 Parallele Prozesse

Rückwärtsrechnung: Bestimmung der Zeiten $SAZ(i)$ und $SEZ(i)$

Dies geschieht in Schritten, wobei pro Schritt immer alle Zeiten der Tätigkeiten bestimmt werden, für die alle Zeiten aller Nachfolger schon bestimmt wurden.

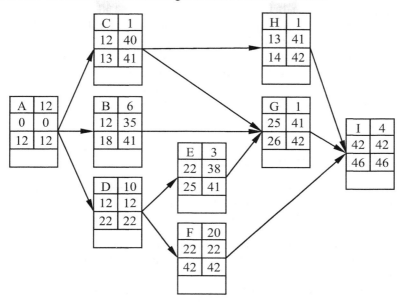

Nach Berechnung der Zeiten $GP(i)$ sieht der fertige Netzplan so aus:

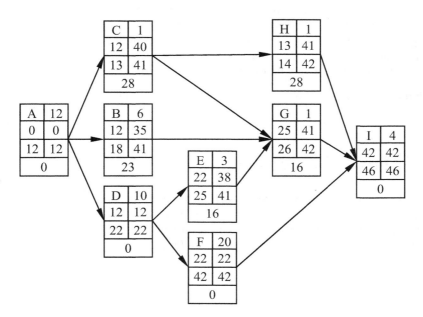

2.1.2 Qualitätsmanagement

Durch ein Qualitätsmanagement wird laufend sichergestellt, dass ein System den vorab definierten Anforderungen genügt. Gleichzeitig wird auch eine größtmögliche Fehlerfreiheit garantiert. Ein vernünftiges Qualitätsmanagement umfasst alle Tätigkeiten des Gesamtmanagements, die im Rahmen des Qualitätsmanagement die Qualitätspolitik, die Ziele und Verantwortungen festlegen sowie diese durch Mittel wie Qualitätsplanung, Qualitätslenkung, Qualitätssicherung und Qualitätsverbesserung verwirklichen. Es umfasst möglichst alle Maßnahmen, Kontrollen und Überprüfungen, um die Qualität aller Tätigkeiten, Prozesse und Ergebnisse zu garantieren. Weiterführende Literatur zum Qualitätsmanagement sind die Werke von Bartsch-Beuerlein [3], Gembrys und Herrmann [7] und Kamiske und Brauer [13].

2.1.3 Konfigurationsmanagement

Das Konfigurationsmanagement dient dazu, sämtliche Ergebnisse und Dokumente, die bei der Systementwicklung anfallen, zu verwalten und sie einem Gesamtstand zuzuordnen. Wichtige Bestandteile sind dabei eine Versionsverwaltung und eine Releaseverwaltung.

Bei einer Versionsverwaltung werden alle relevanten Dokumente und Programmbestandteile mit ihrem jeweiligen Änderungsstand archiviert und dokumentiert. Dies bedeutet, dass jederzeit ein Überblick der aktuellen Versionen aller Dateien vorhanden ist (d.h. es wird nicht mit veralteten Dokumenten bzw. Modulen gearbeitet) und dass bei Bedarf mit älteren Versionen verglichen werden kann (für die Analyse von Fehlern).

Bei der Releaseverwaltung werden die einzelnen Auslieferungsstände (Releases) des Systems oder Teile davon dokumentiert und verwaltet. Bei Bedarf kann auf einen älteren Stand zurückgegriffen werden, etwa wenn sich ein neuer Auslieferungsstand als fehlerhaft erweist. Ein Release dokumentiert die Versionsnummern aller Dateien und Ergebnisse, die benötigt werden, um das System zu einem bestimmten Zeitpunkt ausliefern zu können.

Weiterführende Literatur zum Konfigurationsmanagement ist das Werk von Weischedel und Versteegen [29].

2.2 Projektbegründung

Die erste Phase im Phasenmodell der Systementwicklung ist die Projektbegründung. Sie beinhaltet alle Aktivitäten zur Initialisierung eines Projekts mit dem Ziel, einen Projektauftrag zu erteilen. Der Projektauftrag ist das einzige Ergebnis dieser Phase und als Eingabeobjekt eine zwingende Voraussetzung für die folgende Phase der Systemanalyse.

2.2 Projektbegründung

Übergang Projektbegründung - Systemanalyse

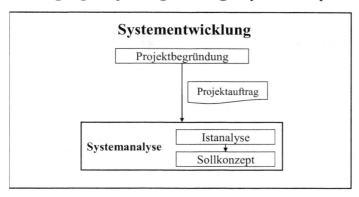

Abb. 2.2: Übergang Projektbegründung - Systemanalyse

Bei der Projektbegründung werden zu Beginn Projektvorschläge ausgearbeitet. Sie können aus den unterschiedlichsten Bereichen kommen, etwa von der Geschäftsführung, von Fachabteilungen, von Mitarbeiten, von externen Zulieferern, von wissenschaftlichen Instituten oder von Unternehmensberatungen. Diese Projektvorschläge ergeben sich im Normalfall aus Projekterwartungen, die aus strategischen Überlegungen oder aus Verbesserungsvorschlägen herrühren. Beispiele dafür sind Optimierung von Geschäftsprozessen, Einsparung von Kosten, Austausch veralteter Systeme, Optimierung der Anwendungssoftware oder verbesserte Kundenbindung. Das Ergebnis all dieser Betrachtungen ist ein Projektauftrag, der im Normalfall zwischen einem Auftraggeber (häufig der Geschäftsleitung) und einem Projektleiter abgeschlossen wird.

In einem Projektauftrag sollten alle Dinge Niederschlag finden, die Rahmenbedingungen schaffen, um ein Projekt erfolgreich zu einem Abschluss zu bringen. Dies sind u. a.

- die Bezeichnung des Projekts
- die Zielsetzung(en) des Projekts: Zielanalyse und Dokumentation der Projektziele
- der Inhalt des geplanten Systems bzw. die Aufgabenstellung
- die Abgrenzung des zu entwickelnden Systems
- die Definition der kritischen Erfolgsfaktoren bzw. Projektrisiken
- die Handlungsanweisungen (Beteiligungen, Betriebsrat, rechtliche Rahmenbedingungen)
- die Schätzungen für die Kosten und die Dauer oder eine Begrenzung nach oben dieser beiden Größen
- die Benennung von wichtigen Beteiligten (keyplayers) in funktionaler Form
- das Auflisten aller Termine und Meilensteine
- alle Unterschriften.

> Der Projektauftrag dient für beide Seiten als Rahmenplan für die erfolgreiche Durchführung und als Maßstab für den Erfolg oder Misserfolg. Er stellt aber auch Sicherheiten dar. Der Auftraggeber formuliert vollständig seine Erwartungen, der Projekteiter kann seine Rahmenbedingungen und Risiken aufzeigen.

Folgende Hinweise für das Erstellen von Projektaufträgen sollten berücksichtigt werden:

- Wird ein Vorhaben durch ein Projekts realisiert, sollte immer ein Projektauftrag erstellt werden. Diese schriftlich fixierte Vereinbarung steht dann beiden Seiten zur Verfügung. Besonders als externer Partner hat man die Möglichkeit zu überprüfen, ob ein gemeinsames Verständnis über das Vorhaben besteht.
- Häufig besteht die Abfolge aus folgenden vier Schritten:
    - Projektvorschläge erarbeiten
    - Projektauftrag erstellen
    - Kickoff-Meeting: Vorstellung der Inhalte des Projektauftrags an die Ausführenden
    - Projektdurchführung und Abnahme
- In der Praxis findet man häufig so genannte Projektpläne. Diese Pläne unterscheiden sich stark von Projektaufträgen, da sie meist nur Angaben zu Terminen, Kosten und Mitteln beinhalten.
- Sollten sich während der Projektdurchführung Änderungswünsche ergeben, die streng genommen eine Anpassung des Projektauftrags erfordern, so wird dieser im Normalfall nicht geändert. Es werden so genannte change requests erstellt, insbesondere dann, wenn diese Änderungen Ziele, Kosten und Termine betreffen.
- Die Zielsetzung sollte ausschließlich vom Auftraggeber erstellt werden.
- Die Aufgabenstellung sollte gemeinsam vom Auftraggeber und Projektleiter entwickelt werden.
- Der Projektleiter sollte stets alle kritischen Erfolgsfaktoren und alle Risiken vorab erkennen und diese auch benennen. Die üblichen Standardrisiken
    - ausreichende Eigenverantwortung des Projektleiters
    - hinreichende Mittelausstattung (Sachmittel und Personal)
    - termingerechte und qualitätsgesicherte Zulieferleistungen
  sind stets zu berücksichtigen.
- Termine und Meilensteine sollten nicht zu detailliert angegeben werden. Hier reichen die wichtigsten Eckpfeiler aus.
- Projektaufträge müssen immer von beiden Seiten unterschrieben werden.

Der Begriff und die expliziten Inhalte des Projektauftrages sind zurzeit noch nicht normiert. In der Praxis verwenden Unternehmen bzw. Organisationen eigene Dokumente, die nach Form, Umfang und Inhalt erheblich variieren können.

Nachfolgend wird gezeigt, wie ein Projektauftrag aussehen kann.

2.2 Projektbegründung

Projektauftrag vom

- Erstellen Sie hier die Bezeichnung und die organisatorischen Dinge.

Titel des Projekts	
Kürzel	

Auftraggeber	Projektleiter/Vertretung

- Geben Sie hier die Ziele und die Aufgabenstellungen Ihres Projektes an.

Zielsetzung

Aufgabenstellung

- Geben Sie hier die Abgrenzung des Systems an.

Abgrenzung zu anderen Systemen

- Geben Sie hier die Projektrisiken an.

Risikofaktoren

- Geben Sie hier alle Handlungsanweisungen an.

Handlungsanweisungen

- Geben Sie hier die Rahmenbedingungen für Kosten und Dauer an,

Angaben zu Kosten und Dauer

- Geben Sie hier die keyplayer an.

Angaben zu wichtigen Beteiligten in funktionaler Form

- Listen Sie hier alle Termine und Meilensteine auf.

Termine und Meilensteine

- Tragen Sie hier die Unterschriften ein.

Unterschrift Auftraggeber	Unterschrift Projektleiter
Datum, Name	Datum, Name

Projektaufträge können sich über verschiedene Phasen der Systementwicklung erstrecken:

- Laufzeit über alle Phasen bis zur Einführung
- Laufzeit nur bis zur Fertigstellung des Sollkonzepts, danach Entscheidung über weiteres Vorgehen.

Ein vollständig ausgearbeiteter Projektauftrag (für die Fallstudie) ist im Aufgabenteil zu finden.

2.3 Systemanalyse

Die beiden Teilphasen Istanalyse und Sollkonzept werden ausführlich vorgestellt.

2.3.1 Istanalyse

Die Istanalyse stellt die erste Phase der Systemanalyse dar. Die Vorgängerphase der Projektbegründung stellt als Voraussetzung und Ergebnis den fertigen Projektauftrag zur Verfügung. Das Ergebnis der Istanalyse und damit die Voraussetzung für die folgende Phase des Sollkonzepts ist eine Dokumentation des bestehenden Systems oder eine Beschreibung des neu zu erstellenden Systems.

Übergang Systemanalyse: Istanalyse - Sollkonzept

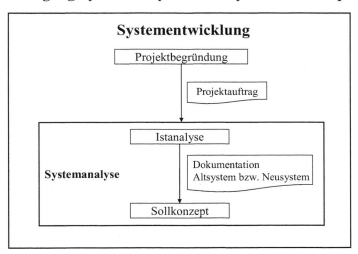

Abb. 2.3: Übergang Istanalyse – Sollkonzept

2.3.1.1 Definition und Aufgaben

Das erste Aufgabengebiet der Istanalyse ist eine Dokumentation des bestehenden Systems oder eine Beschreibung des neu zu erstellenden Systems. Anschließend folgt häufig eine Potentialanalyse, deren Ziel es ist, Verbesserungsvorschläge auszuarbeiten oder Schwachstellen aufzuzeigen. Es ist aber auch möglich, diesen Vorgang komplett in das Sollkonzept zu verlagern. Zusammengefasst besteht die Istanalyse aus drei aufeinander folgenden Schritten:

Istanalyse

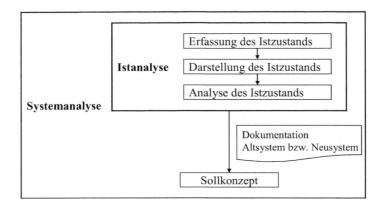

Abb. 2.4: Istanalyse

Die Aufgabe des Systemanalysten im ersten Schritt der Erfassung des Istzustands ist einzig und allein die Informationsgewinnung. Nach Erhalt des Projektauftrags liegen in den meisten Fällen fast keine oder nur sehr wenige Informationen über das System selbst vor.

Dem Analysten stehen im Normalfall zwei Quellen zur Informationsgewinnung zur Verfügung:

- Mitarbeiter
- Dokumente (schriftliche oder digitale Objekte).

Die folgenden Quellen stellen nach Krallmann [16] Ansatzpunkte dar, die fast immer betrachtet werden können:

- allgemeine Unternehmensdaten (Rechtsform, Umsatz, Anzahlen, unternehmensspezifische Kennzahlen)
- Mengengerüste (Ausgangspunkte für die Entwicklung neuer Organisationsformen bzw. die Einführung neuer IT-Systeme)
- Ablauforganisation (Funktionalitäten, Gewinnung von Information und deren Flüsse, organisatorische Hilfsmittel)
- Aufbauorganisation (Organigramme, Stellenbeschreibungen, Tätigkeitsverteilungen, Anzahlen, übergreifende Tätigkeitsbereiche).

Die Informationsgewinnung unter Einbezug der Mitarbeiter eines Unternehmens erfordert ein besonderes Fingerspitzengefühl beim Analysten, will er den Projekterfolg nicht durch unkluges Handeln gefährden. Es muss ein Vertrauensverhältnis aufgebaut werden, um den Mitarbeitern die Sorge vor Veränderungen zu nehmen. Dazu sollten folgende Punkte berücksichtigt werden:

2.3 Systemanalyse

- Information über das neue, geplante System
- Information über Sinn und Zweck der folgenden Befragung
- Information über die Vorgehensweisen
- Mitarbeiter sollten ständig einbezogen sein und auch Wünsche und Bedenken äußern dürfen.
- Den Mitarbeitern muss die Angst vor Veränderungen genommen werden, etwa vor einem Kompetenzverlust, vor einer Versetzung innerhalb des Unternehmens, vor dem Erlernen neuer Technologien oder auch vor einem Arbeitsplatzverlust.

Dabei spielt der Fachbegriff der Beteiligung eine zentrale Rolle. Er ist ein entscheidender Erfolgsfaktor, denn hier sind alle vom Einsatz des Systems Betroffenen während der gesamten Entwicklungszeit integriert.

Die Vorteile von Beteiligung als Bestandteil der Systemanalyse sind:

- Berücksichtigung des Fachwissens der Anwender
- Einbeziehung neuer Arbeitsträger, da Experten teuer sind
- Akzeptanzsteigerung bei den Anwendern durch aktives Erleben und Mitgestalten des Entwicklungsprozesses
- vermehrte Bedeutung der Anwender, die heute häufig Auftraggeber sind.

Dabei sollte der Mensch als Bestandteil des Systems mit seinen unterschiedlichen Eigenschaften gesehen werden. Dazu gehören auch arbeitspsychologische Anforderungen an eine menschliche Arbeitsgestaltung (siehe Krallmann [16]):

- Entscheidungsspielraum des einzelnen Mitarbeiters, um selbstständig über Ziele, Vorgehensweise und Mittel zu entscheiden
- notwendige Kommunikation unter den Mitarbeitern zur Aufgabenerfüllung
- psychische Belastungen durch defekte Komponenten/Systeme
- Variabilität
- körperliche Aktivität
- Kontakt und Strukturierbarkeit.

Es gibt verschiedene Ausprägungen der Beteiligungsformen, die Unterscheidung liegt im Informationsaustausch, der Entscheidungsbeteiligung und Gestaltungsbeteiligung bzw. in der direkten oder indirekten Beteiligung:

- keine Beteiligung
- passive Mitwirkung
- aktive Mitentscheidung
- aktive Beteiligung
- autonomes Design.

Die in einem Unternehmen zur Verfügung stehende Information stellt Molzberger [19] mit Mitteln aus der Psychologie folgendermaßen dar:

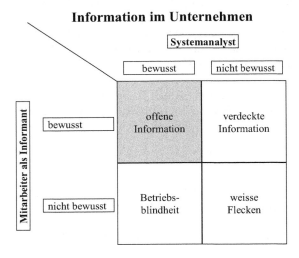

Abb. 2.5: *Information im Unternehmen*

Der Systemanalyst muss versuchen, den grauen Bereich zu vergrößern:

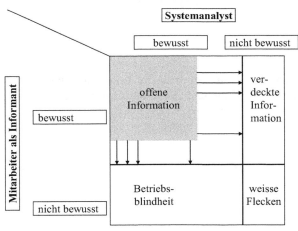

Abb. 2.6: *Informationsverlagerung im Unternehmen*

2.3 Systemanalyse

Als Möglichkeiten oder Techniken zur Informationsgewinnung stehen zur Verfügung:

Primärerhebungsmethoden oder personenbezogene Techniken:

- Interviewmethode
- Fragebogenmethode
- Berichtsmethode
- Beobachtungsmethode.

Sekundärerhebungsmethode oder dokumentenbezogene Technik:

- Inventurmethode.

Alle oben genannten Methoden werden im nächsten Abschnitt ausführlich vorgestellt.

2.3.1.2 Erhebungs- bzw. Erfassungsmethoden

Im Folgenden werden die fünf oben beschriebenen Methoden ausführlich vorgestellt. Es werden Hinweise, Eigenschaften und Leitfäden angegeben. Das explizite Auffinden der Vor- und Nachteile einer jeden Methode ist in die Aufgaben zu diesem Kapitel ausgelagert, um dem Leser die Möglichkeit zu bieten, sich darüber selbst Gedanken zu machen. Die Lösungen dazu sind selbstverständlich ausführlich dargestellt.

Die Interviewmethode

Der Systemanalyst stellt bei dieser Methode seinem Interviewpartner mündlich und direkt Fragen, d. h. die einzige Informationsquelle ist die gesprochene Sprache. Die Interviewmethode ist sicher eine der populärsten Erhebungsmethoden, da sie eine besondere Form der Beteiligung beinhaltet.

Bei der Interviewmethode sind verschiedene Verfahren möglich:

Verfahren	Beschreibung
standardisiert	Es gibt möglichst wortgenau formulierte Fragen oder ein festgelegtes Fragenraster, immer in der gleichen Reihenfolge, keine Zusatzfragen. Solche Interviews sind gut untereinander vergleichbar und qualitativ auswertbar.
nicht-standardisiert	Interviews ähnlich, etwa gleiche Fragenkomplexe, beliebige Reihenfolge, Zusatzfragen möglich, keine fest vorgegebenen Fragen, Interviewer bestimmt die neuen Fragen aus den Antworten und der Situation. Solche Interviews sind häufig nicht untereinander vergleichbar und schlecht qualitativ auswertbar.
offen	Hier wird dem Befragten explizit mitgeteilt, dass ein Interview mit ihm durchgeführt wird.

verdeckt	Hier soll der Mitarbeiter nicht merken, dass er befragt wird. Dies kann taktische oder strategische Gründe haben. Die Möglichkeit einer direkten Beteiligung ist damit ausgeschlossen.
Einzelbefragung	Jeder Mitarbeiter wird einzeln befragt. Bei gleichartigen Fragerunden kann der Systemanalyst Fragen zu Dingen, die schon geklärt sind, weglassen und somit Redundanz vermeiden.
Gruppenbefragung	Mehrere Mitarbeiter werden als geeignete Gruppe befragt. Dabei sollte die Zusammensetzung so gewählt sein, dass eine freie Meinungsäußerung aller Beteiligten möglich ist. Erfahrungsgemäß stammen die Teilnehmer nur aus einer Hierarchieebene.
Konferenz	Hierbei werden Mitarbeiter aus verschiedenen Fachabteilungen zusammengenommen. Konferenzen sind besonders dann geeignet, wenn gegenteilige Auffassungen vorhanden oder zu erwarten sind. Konferenzen zeichnen sich durch kompetente Leiter und gut vorbereitete Teilnehmer aus.

Für die Gestaltung und den Ablauf von Interviews gibt es eine große Anzahl von Hinweisen bzw. ganze Leitfäden, von denen die wichtigsten Punkte hier genannt sind. Weitere Einzelheiten sind den Werken von Krallmann [16] und Mayer [17] zu entnehmen.

Hinweise zur Gestaltung und zum Ablauf von Interviews:

- Der Systemanalyst sollte mit dem Aufgabengebiet seiner Interviewpartner vertraut sein und möglichst die Eigenschaften seiner Befragten kennen.
- Das Interview sollte vernünftig geplant werden, besonders im Hinblick auf die benötigte Information, den Aufbau und die Abfolge der Fragen, die Interviewpartner, die Termine und den Ort.
- Die Fragen sollten sachlich und präzise gestellt sein. Wenn möglich sollte der Interviewer die gebräuchliche Fachterminologie einsetzen.
- Die Fragen sollten dann auch nur sachliche Antworten ermöglichen. Deshalb sollten Suggestiv-Fragen, also Fragen mit dem Versuch der Beeinflussung der Antwort, vermieden werden.
- Es sollte eine gesunde Mischung zwischen offenen und geschlossenen Fragen gefunden werden. Ausschließlich Fragen mit vorgegebenen Antwortmöglichkeiten ermüden den Partner sehr schnell.
- Der Interviewer sollte vorab eine sinnvolle Reihenfolge erstellen, damit ihm zumindest ein roter Faden vorliegt.
- Der Interviewer sollte stets nachfragen, wenn unklare oder ausweichend formulierte Antworten gegeben werden.
- Der Interviewer sollte keine Kommentare geben und sich auch nicht zu Gefühlsäußerungen hinreißen lassen.
- Die Sprache und das Niveau sollte dem Gesprächspartner angepasst werden. In bestimmten Situationen ist dies auch für die Kleidung zu empfehlen.

2.3 Systemanalyse

- Bei schwierigen oder komplexen Sachverhalten sollten Kontrollfragen eingebaut werden, um die Qualität und Güte der Antworten abschätzen zu können.
- Indirekte Fragen, aus denen man irgendwelche sinnvollen Schlüsse ziehen kann, sollten dann eingebaut werden, wenn es erforderlich ist, etwa um Aussagen zu verifizieren oder um taktisch abzulenken.
- Das Interview sollte an einem unbelasteten Ort und möglichst entspannt und nicht zu hastig geführt werden. Hören Sie dem Gesprächspartner zu, ohne ihn zu drängen.
- Es muss eine sorgfältige Dokumentation erfolgen, möglichst direkt bei der Beantwortung der Fragen. Um den Fluss des Interviews nicht zu stören, kann dies von einem Assistenten erledigt werden. Die fertig gestellte Dokumentation sollte dem Befragten zur Verifikation vorgelegt werden.
- Der Interviewer sollte bei zu allgemeinen Antworten nach konkreten Beispielen fragen.
- Abschließend sollte dem Befragten noch genügend Raum zu Anmerkungen gegeben werden. Hier kann Zusatzinformation gewonnen werden.

Die Vor- und Nachteile der Interviewmethode werden in Aufgabe 1 in diesem Kapitel besprochen.

Die Fragebogenmethode

Der Systemanalyst verteilt Formulare mit vorgegebenen Fragen gleichzeitig an die betreffenden Mitarbeiter. Diese sollten die Fragebögen möglichst sorgfältig und unmissverständlich ohne direkten Kontakt mit dem Systemanalysten ausfüllen. Mögliche Durchführungsmethoden sind papierbasiert, per E-Mail oder mit Hilfe von Web-Formularen.

Die möglichen zwei Erscheinungsformen sind Standardfragebögen oder differenzierte (individuelle) Fragebögen. Standardfragebögen sind für alle Befragten gleich. Dies empfiehlt sich bei homogenen Gruppen und gleichem Arbeitsgebiet. Der Einsatz von individuellen Fragebögen sollte dann vorgenommen werden, wenn unterschiedliche Arbeitsgebiete, Sichtweisen oder Hierarchieebenen vorliegen.

Für die Gestaltung und den Ablauf der Fragebogenmethode gibt es eine große Anzahl von Hinweisen bzw. ganze Leitfäden, von denen die wichtigsten Punkte hier genannt sind.

Hinweise zur Gestaltung von Fragebögen und für den Ablauf der Fragebogenmethode:

- Bei der Gestaltung der Fragen sollte man mit großer Sorgfalt vorgehen. Unklarheiten, Missverständnisse oder etwaige falsche Interpretationen seitens des Befragten können während der Durchführung nicht mehr geklärt werden.
- Ohne Vorinformationen ist eine Fragebogenmethode selten sinnvoll.
- Bei der Gestaltung der Fragen sollte die anschließende Auswertung und deren Methodik ständig berücksichtigt werden.
- Eine sinnvolle Struktur für Fragebögen ist die folgende Reihenfolge: Einführungsfragen, Sachfragen und abschließend Kontrollfragen, um eventuell zuvor gemachte Angaben auf ihren Wahrheitsgehalt zu überprüfen.

- Mögliche Fragevarianten sind offene oder geschlossene Fragen bzw. direkte oder indirekte Fragen. Diese Varianten sind sinnvoll einzusetzen. Bei den direkten Fragen ist im Gegensatz zu den indirekten Fragen der Zweck der Frage erkennbar. Bei den geschlossenen Fragen sind die möglichen Antworten schon vorgegeben. Es wird unterschieden zwischen Alternativ- und Selektivfragen, je nachdem, ob nur zwei Antworten möglich sind oder das Spektrum mehrere Alternativen bzw. eine vorgegebene Skala umfasst.
- Es wird empfohlen, mehr geschlossene Fragen einzubauen, da so besonders die Auswertung durch einfaches Abzählen erleichtert wird.
- Suggestivfragen sollten vermieden werden.
- Ein gezielter Einsatz von Einführungs-, Übungs-, Unterbrechungs-, Kontroll- und Anregungsfragen wird empfohlen.
- Die Fragen müssen dem Bildungsniveau der Befragten angepasst sein.
- Der Abgabetermin sollte klar definiert sein, um aktuelle Ergebnisse zu erhalten.
- Die Möglichkeit, dass Absprachen zwischen den Befragten zustande kommen, sollte unterbunden werden.
- Die Fragebögen müssen einem Qualitätstest vorab unterzogen werden. Besondere Kriterien sind hier Eindeutigkeit, Verständlichkeit und Vollständigkeit.
- Die Befragung mittels Fragebögen muss u. U. von der Geschäftsleitung genehmigt werden.
- Die Gestaltung und das Layout des Fragebogens sollte so einfach gehalten werden, dass ein schnelles und vernünftiges Ausfüllen möglich ist.

Die Vor- und Nachteile der Fragebogenmethode werden in Aufgabe 2 in diesem Kapitel besprochen.

Die Berichtsmethode

Die Berichtsmethode ist mit der Fragebogenmethode verwandt. Sie unterscheidet sich aber in der Freiheit, die den Befragten zugestanden wird. Es wird ein schriftlicher Bericht zu einem vom Systemanalysten vorgegebenen Thema verlangt. Dies geschieht ohne detaillierte Fragen, meistens aber mit einem gewissen Rahmen, d.h. es ist eine völlige Formfreiheit möglich oder es kann eine gewisse Gliederung durch Vorgabe von Richtlinien erreicht werden. Diese Methode eignet sich für höhere Hierarchiestufen, etwa für Fach- und Führungskräfte.

Hinweise und Leitfäden sind hierbei nicht erforderlich.

Die Vor- und Nachteile der Berichtsmethode werden in Aufgabe 3 in diesem Kapitel besprochen.

Die Beobachtungsmethode

Bei der Beobachtungsmethode werden Sachverhalte und Prozesse zum Zeitpunkt ihres Geschehens aufgenommen und interpretiert. Es findet keine sprachliche Kommunikation mit dem Mitarbeiter statt. Haupteinsatzgebiet dieses Verfahrens sind Produktionsprozesse. Unterschieden wird in

- offene bzw. verdeckte Beobachtung, je nachdem, ob dem Beobachteten die Tatsache seiner Beobachtung bekannt ist oder nicht.
- direkte oder indirekte Beobachtung, je nachdem, ob die Beobachtung zum eigentlichen Zeitpunkt stattfindet oder erst später. Bei der indirekten Beobachtung sind nur noch die Ergebnisse der Prozesse ersichtlich.
- strukturierte oder unstrukturierte Beobachtung, je nachdem, ob die Beobachtung nach zuvor festgelegten Methoden oder Richtlinien erfolgt oder nicht.

Durchführungsvarianten sind das Multimomentverfahren, bei dem nur zu bestimmten Zeitpunkten beobachtet wird und dann Methoden aus der Statistik eingesetzt werden, und Dauerbeobachtungen, die natürlich exakter, aber deutlich umfangreicher sind.

Für den Ablauf der Beobachtungsmethode gibt es eine große Anzahl von Hinweisen, von denen die wichtigsten Punkte hier genannt sind:

- Beobachtungen sollten so durchgeführt werden, dass die Arbeitsweise der Beobachteten ihrer sonst üblichen Arbeitsweise entspricht. Ansonsten sind große Fehlinterpretationen möglich.
- Das Zeitintervall der Beobachtung sollte vernünftig gewählt werden, so dass die Beobachteten nicht über zu lange Zeiträume einer Überprüfung ausgesetzt sind.
- Die Dokumentation sollte im Moment der Beobachtung erfolgen. Dabei ist zu beachten, dass keine Unterbrechungen der Beobachtung entstehen, die das Ergebnis verfälschen. Hier bieten sich vorbereitete Listen oder Formulare an. Auch der Einsatz von elektronischen Aufnahmehilfen ist möglich.

Die Vor- und Nachteile der Beobachtungsmethode werden in Aufgabe 4 in diesem Kapitel besprochen.

Die Inventurmethode

Im Rahmen der Inventurmethode werden ausschließlich schon vorhandene Dokumente ausgewertet.

Beispiele solcher Dokumente sind (siehe Krallmann [16]):

- Organigramme
- Stellen- und Arbeitsplatzbeschreibungen
- Arbeitsablaufdiagramme
- Vordrucke
- Statistiken und Berichte
- Bilanzen
- Betriebsabrechnungsbogen
- Kennzahlen
- Revisionsberichte
- alte Planungsunterlagen

- Dokumentationen jeglicher Art
- spezielle IT-Dokumentationen (Handbücher, Quellcode, usw.).

Die Informationsgewinnung aus Dokumenten stellt hohe Anforderungen an den Systemanalysten, besonders bei einer großen Anzahl von Dokumenten und bei vorab nicht abzuschätzender Qualität der Inhalte.

Die Vor- und Nachteile der Inventurmethode werden in Aufgabe 5 in diesem Kapitel besprochen.

In der Praxis empfiehlt sich meist eine Kombination der zuvor vorgestellten Methoden, da offensichtlich nicht mit einer einzigen Methode die gesamte Information ermittelt werden kann. Eine der häufigsten Varianten ist die Inventurmethode kombiniert mit der Interview- und Beobachtungsmethode. Dabei werden meist nur noch die fehlenden Informationen erhoben, allerdings kann auch durch eine weitere Methode die Richtigkeit der Ergebnisse überprüft werden.

Abschließend werden in einer Tabelle Eigenschaften in Bezug auf die fünf vorgestellten Methoden bewertet, um Hinweise für die Eignung dieser Methoden zu geben:

	Interviewmethode	Fragebogenmethode	Berichtsmethode	Beobachtungsmethode	Inventurmethode
Informationstiefe	++	+	+	-	-
Informationsbreite	0	++	0	0	++
Mitarbeiterbeteiligung	++	+	+	-	-
Kosten	-	0	0	+	+
Durchführungsaufwand	-	+	+	+	0
Vorbereitungsaufwand	-	-	++	+	++
qualitative Informationsgewinnung	+	+	+	+	–
quantitative Informationsgewinnung	-	+	+	+	+
Prozessbeschreibung	++	0	+	++	0
Störung des Betriebsablaufs	-	0	-	+	++

2.3 Systemanalyse

Neuentwicklung	+	+	+	-	+
Reengineering (Verbesserung des Altsystems)	+	+	+	++	+
hohe Verteilung der Mitarbeiter	-	+	+	-	+
schlechte Verfügbarkeit der Mitarbeiter	-	+	-	++	+
große Zahl der Mitarbeiter	-	+	-	-	+
großer Systemumfang	+	-	+	+	+
hohe Komplexität	+	-	+	+	-
schlechte Beobachtbarkeit	+	+	+	-	+
unbekanntes Fachgebiet	+	-	++	+	-
unmotivierte Mitarbeiter	+	-	+	+	++
kommunikationsschwache Mitarbeiter	-	0	-	+	++
Mitarbeiter mit geringem Abstraktionsvermögen	+	+	-	++	+
stark unterschiedliche Meinungen der Mitarbeiter	0	++	0	+	+
keine harmonischen Mitarbeitergruppen	0	0	+	+	+

++ sehr gut geeignet oder großer Vorteil
+ gut geeignet
0 mäßig geeignet
- nicht geeignet oder großer Nachteil.

2.3.1.3 Darstellungsmethoden

Die heute immer noch wichtigste Darstellungsmethode der klassischen Systemanalyse ist die so genannte Strukturierte Analyse oder Structured Systems Analysis (SSA). Es ist eine Sammlung von Teilmodellen, für die es dann unterschiedliche Darstellungsmöglichkeiten gibt. In der heutigen Zeit hat die Strukturierte Analyse ihre exklusive Stellung verloren. Objekt-orientierte Denkweisen haben sich im Laufe der letzten Jahre immer mehr durchgesetzt. Dort gibt es eine ausgezeichnete Modellierungssprache, die UML.

Die SSA besteht im Normalfall aus vier sich ergänzenden Beschreibungsmethoden:

- Datenflussdiagramme (DFD)
- Datenkataloge oder Data Dictionaries (DD)
- Prozessbeschreibungen (PB)
- Entity-Relationship-Diagramme (ERD).

Datenflussdiagramme sind dabei die wichtigsten und am häufigsten eingesetzten Diagramme von SSA. Sie zeigen die Zusammenhänge der Prozesse, die Nachbarsysteme, externe Einflussgrößen und die Daten- und Materialflüsse auf. Die Symbolik ist dabei so gewählt, dass die Diagramme auch für weniger mit der Materie vertraute Mitarbeiter leicht lesbar sind.

Die Datenflussdiagramme bestehen aus folgenden Komponenten:

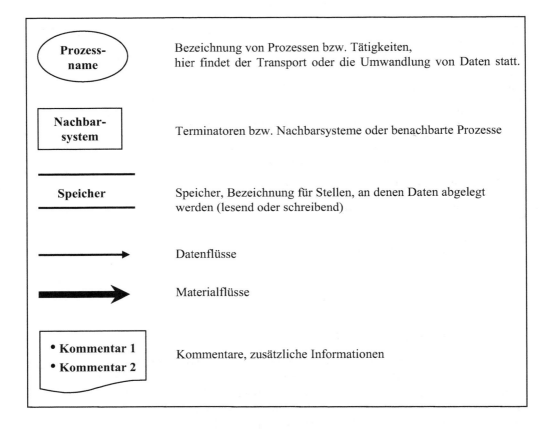

Das folgende Datenflussdiagramm zeigt die Zusammenhänge beim Verarbeiten der Eingangspost in einem Unternehmen.

2.3 Systemanalyse

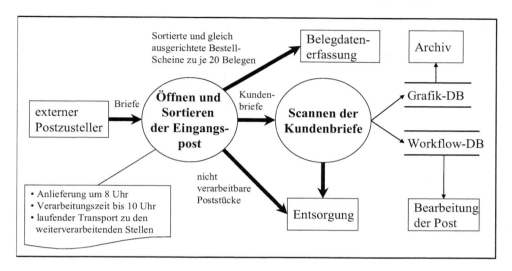

Abb. 2.7: Datenflussdiagramm

Datenkataloge oder Data Dictionaries sind Sammelstellen für alle vorhandenen Daten und deren Eigenschaften. Häufig werden diese, besonders bei der Entwicklung von Softwaresystemen, durch eine kompliziert zu lesende Symbolik angegeben. Im Folgenden wird eine einfachere Darstellung gewählt, die für die meisten Beteiligten lesbar sein wird. Dazu werden die gefundenen Daten und deren Eigenschaften in eine Tabelle eingetragen.

Datenkataloge sind zentrale Datenverzeichnisse. Sie geben Auskunft über Struktur, Speicherung, Beziehungen, Herkunft, Verwendung und Eigenschaften der Daten. Häufige Inhalte sind Feldname, Synonyme, verwandte Daten, Beziehungen zu anderen Daten, Grenzen und Attribut-Möglichkeiten, Längen, Datentypen, Kommentare und zusätzliche Informationen.

Das folgende Formular zur Berechnung einer Lebensversicherung ist der homepage der Allianz Gruppe (siehe [21]) entnommen.

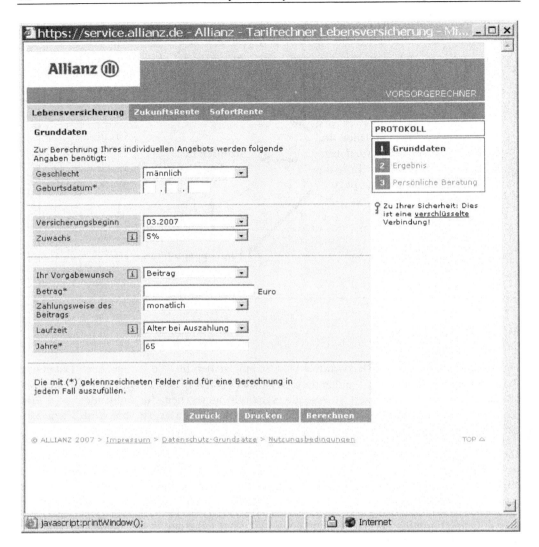

Abb. 2.8: Formular für einen Datenkatalog

Die folgende Tabelle zeigt einen möglichen Datenkatalog. Dabei ist die Tabelle in zwei Teile zerlegt, die erste Spalte ist in beiden Teilen gleich.

2.3 Systemanalyse

Feldname oder Datum	Feldart	Datentyp, Maske	Feldlänge	Auswahl-möglichkeiten	vorausgefüllt
Geschlecht	Auswahl	Zeichenkette	8	männlich weiblich	ja männlich
Geburtsdatum	Eingabe	Zahlen dd.mm.yyyy	8	-	nein
Versicherungsbeginn	Auswahl	Zeichenkette	7	03.2007 bis 02.2008	ja 03.2007
Zuwachs	Auswahl	Zeichenkette	4	kein 1% bis 10%	ja 5%
Info Zuwachs	Button	-	-	-	-
Vorgabewunsch	Auswahl	Zeichenkette	15	Betrag Garantiekapital Gesamtkapital	ja Betrag
Info Vorgabewunsch	Button	-	-	-	-
Betrag	Eingabe	Zahlen	7	-	nein
Zahlungsweise	Auswahl	Zeichenkette	15	monatlich vierteljährlich halbjährlich jährlich	ja monatlich
Laufzeit	Auswahl	Zeichenkette	20	Alter bei Auszahlung Versicherungsdauer	ja Alter bei Auszahlung
Info Laufzeit	Button	-	-	-	-
Jahre	Eingabe	Ziffern	3	-	65
Button Zurück	Button	-	-	-	-
Button Drucken	Button	-	-	-	-
Button Berechnen	Button	-	-	-	-

Feldname oder Datum	Pflichtfeld	Prüfungen	Beziehung zu	Bemerkungen
Geschlecht	ja	nein	keine	keine
Geburtsdatum	ja	ja, plausibel LV möglich	keine	keine
Versicherungsbeginn	ja	keine	keine	keine
Zuwachs	ja	nein	Betrag, nicht alle Kombi möglich	keine
Info Zuwachs	nein	keine	Info über Zuwachs	neue Infoseite
Vorgabewunsch	ja	keine	Betrag	richtiger Betrag nötig
Info Vorgabewunsch	nein	keine	Info über Vorgabewunsch	neue Infoseite
Betrag	ja	ja auf Ziffern Betrag<5.000.000	Vorgabewunsch	keine
Zahlungsweise	ja	keine	Betrag	keine
Laufzeit	ja	keine	keine	keine
Info Laufzeit	nein	keine	Info über Laufzeit	neue Infoseite
Jahre	ja	ja gegen Alter ja gegen Laufzeit	Alter Laufzeit	keine
Button Zurück	nein	keine	keine	Verlassen der Seite
Button Drucken	nein	keine	keine	druckt diese Seite aus
Button Berechnen	nein	keine	keine	startet die Berechnung

2.3 Systemanalyse

Das folgende Formular ist ein Antrag zur Teilnahme an Gewinnspielen bei der Firma Klick und Klack aus der Fallstudie. Im Aufgabenteil wird für diesen Beleg ein Datenkatalog erstellt.

Antrag zur Teilnahme an Gewinnspielen bei der Firma Klick und Klack

Teilnehmer:
Prof. Dr. Gert Heinrich
Hallerhöhe 6, 78056 VS-Schwenningen

reservierte Glückszahlen:
123, 45, 5744 und 83727

Belegcode: `WCG89QA`

Ich bestelle folgende Produkte:

☐ 4 Lose mit den reservierten Glückszahlen zu je 20€

Ich möchte meine Gewinnchancen erhöhen und bestelle zusätzlich:

☐ Lose mit beliebigen Glückszahlen zu je 20€

☐ Lose mit folgenden Glückszahlen zu je 20€:

Bitte überweisen Sie die Gewinne auf folgendes Konto:
Bankname | Bankleitzahl | Kontonummer

Ich bezahle per: ☐ Bankeinzug ☐ Rechnung ☐ Scheck anbei ☐ Kreditkarte

Telefonnummer zur Gewinnbenachrichtigung | Geburtsdatum | Unterschrift

---

Abb. 2.9: Formular für einen Datenkatalog, Fa. Klick und Klack

Prozessbeschreibungen können durch verschiedene Techniken erstellt werden. Dabei werden die in den Datenflussdiagrammen vorkommenden Prozesse dargestellt. Die wichtigsten Darstellungsformen sind:

- Berichte in Form von natürlicher Sprache
- Entscheidungstabellen
- Entscheidungsbäume
- Pseudocode.

Berichte in Form von natürlicher Sprache stellen eine beliebte Form der Prozessbeschreibung dar. Dabei wird versucht, in einem Bericht möglichst alle Bestandteile und Abläufe zu beschreiben.

Entscheidungstabellen sind Tabellen, in denen aus Bedingungskonstellationen Entscheidungsregeln gewonnen werden. Der Aufbau von Entscheidungstabellen wird im Folgenden gezeigt:

Bedingungsbeschreibung	Bedingungsanzeiger									
Bedingung 01										
Bedingung 02										
Bedingung 03										
……										
……										
……										
Bedingung n										
Aktionsbeschreibung	**Aktionsanzeiger**									
Aktion 01										
Aktion 02										
Aktion 03										
……										
……										
……										
Aktion m										

In den Bedingungsanzeigern werden alle Kombinationen eingetragen, die unter n Bedingungen möglich sind. Für jede Konstellation der Bedingungen sind dann die entsprechenden Aktionen anzukreuzen.

Entscheidungsbäume sind die grafische Variante der Entscheidungstabellen. In einer Baumstruktur werden wie in der Wahrscheinlichkeitstheorie von links nach rechts an jedem Knoten die möglichen Verzweigungen eingetragen. Am Ende des Baums ergeben sich dann Aktionen, die aus der Folge der unterschiedlichen Entscheidungen entstehen.

Das folgende Schaubild zeigt einen Entscheidungsbaum mit 10 Entscheidungssituationen und 9 Aktionen:

2.3 Systemanalyse

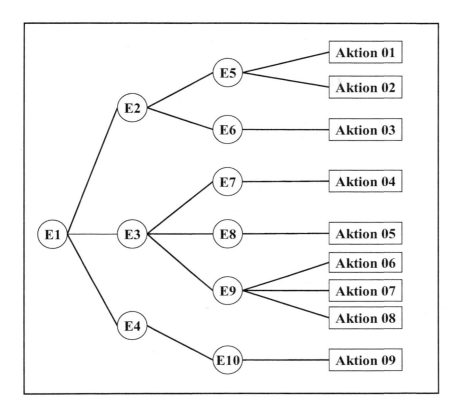

Abb. 2.10: Entscheidungsbaum

Pseudocode ist eine Mischung zwischen formalen Elementen und normalem Text. So entsteht ein Text, der einem Quellcode ähnlich, aber immer noch gut zu lesen ist. Es werden die Schlüsselworte BEGIN und END für Sequenzen, DO, DO WHILE, ENDDO für Iterationen und IT, THEN, ELSE, ENDIF für Selektionen verwendet.

An ein und demselben Beispiel werden die ersten drei der oben genannten Darstellungsmöglichkeiten vorgeführt.

Bericht in Form von natürlicher Sprache:

In einer Universitätsbibliothek gelten folgende Regeln: Ist ein Benutzer bekannt und ist ein Buch vorhanden, das dieser ausleihen möchte, so erhält er dieses, sofern er nicht aufgrund von Zahlungsrückständen gesperrt ist. Ist das Buch nicht vorhanden, so wird der Benutzer in jedem Fall vorgemerkt. Ist ein potentieller Benutzer unbekannt, so wird dieser erst neu angelegt. Dann kann er wie ein bekannter Benutzer behandelt werden.

Entscheidungstabelle:

Bedingungsbeschreibung	Bedingungsanzeiger							
Benutzer bekannt	J	J	J	J	N	N	N	N
Buch vorhanden	J	J	N	N	J	J	N	N
Benutzer gesperrt	J	N	J	N	J	N	J	N
Aktionsbeschreibung	**Aktionsanzeiger**							
Buch ausleihen		X				X		
Buch nicht ausleihen	X							
Vormerken			X	X				X
Systemfehler					X		X	
Benutzer anlegen							X	X

Entscheidungsbaum:

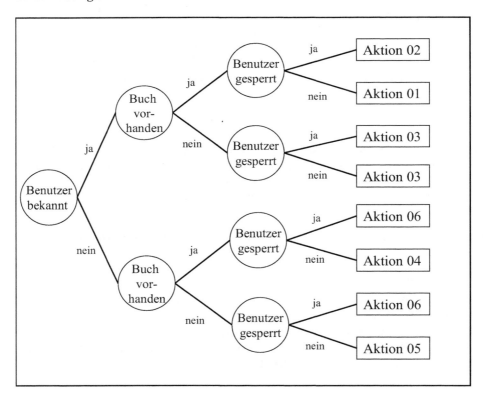

2.3 Systemanalyse

Im Entscheidungsbaum gilt:
Aktion 01: Buch ausleihen
Aktion 02: Buch nicht ausleihen
Aktion 03: Buch für Benutzer vormerken
Aktion 04: Benutzer anlegen und Buch ausleihen
Aktion 05: Benutzer anlegen und Buch vormerken
Aktion 06: Systemfehler.

Pseudocode:

```
IF Benutzer bekannt
  IF Buch vorhanden
    IF Benutzer gesperrt
      DO Buch nicht ausleihen
    ELSE Buch ausleihen
    ENDIF
  ELSE Buch vormerken
  ENDIF
ELSE
  IF Buch vorhanden
    IF Benutzer gesperrt
      DO Systemfehler
    ELSE Benutzer anlegen und Buch ausleihen
    ENDIF
  ELSE
    IF Benutzer gesperrt
      DO Systemfehler
    ELSE Benutzer anlegen und Buch vormerken
    ENDIF
  ENDIF
ENDIF
```

Entity-Relationship-Diagramme werden zur Datenmodellierung eingesetzt. Ziele sind hier:

- Modellierung der zentralen Dateneinheiten
- Aufbau und Beziehungen zwischen den Dateneinheiten
- Vorgaben für den Datenbankentwurf.

Eine ausführliche Darstellung der ER-Modellierung würde den Rahmen dieses Werks sprengen. Der interessierte Leser sei auf Kemper und Eickler [14] und Elmasri und Navathe [6] verwiesen.

Zum Abschluss sind noch die Vor- und Nachteile der Strukturierten Analyse zusammengefasst.

Vorteile von SSA:

- Darstellungstechnik leicht erlernbar
- universell einsetzbar
- Qualitätsverbesserung gegenüber reinen Texten
- verschiedene Techniken
- Gesamtsystem und Teilkomponenten modellierbar
- Die Abhängigkeiten zwischen den verschiedenen Beschreibungsmethoden sind klar erkennbar. Es können eine Reihe von Konsistenzbedingungen aufgestellt werden.

Nachteile von SSA:

- Konsistenzprüfungen wegen versch. Darstellungen aufwändig
- Bei großen Systemen geht die Übersicht leicht verloren, da es sehr viele Datenflüsse gibt (Gefahr von Überschneidungen der Verbindungen).
- objekt-orientierte Modellierung nahezu unmöglich.

2.3.1.4 Potentialanalyse

Sind im Projektauftrag die Ziele oder Anforderungen an das neue System nicht vollständig ausgeführt, so kann eine Potentialanalyse durchgeführt werden. Hierbei werden alle Schwachstellen identifiziert und Vorschläge für Verbesserungen oder Veränderungen gemacht.

Neue Methoden sind hier nicht erforderlich. Meist werden die Schwachstellen einfach aufgezählt oder es wird ein Bericht verfasst.

Checklisten zur Potentialanalyse gibt es genügend. Mögliche Stellen oder Prozesse, in denen Mängel vorliegen können, sind:

- Aufbauorganisation
- Ablauforganisation (Geschäftsprozesse)
- Informationsgewinnung oder -verteilung
- Hardwaresysteme, Softwaresysteme, Netzwerke
- Kommunikation und Beteiligung.

Die Dokumentation des Istzustands und die Potentialanalyse bilden die Ergebnisse der Istanalyse. Dokumentation und Potentialanalyse sind die beiden Voraussetzungen für das Sollkonzept, die nächste Teilphase in der Systemanalyse.

2.3.2 Sollkonzept

Die Istanalyse, die erste Phase in der Systemanalyse, stellt die Dokumentation des Istzustands und eventuell eine Potentialanalyse als Ergebnisse der zweiten Phase zur Verfügung. Im Sollkonzept wird ausgearbeitet, was das neue System leisten soll. Einziges Ergebnis ist ein Pflichtenheft. Im Pflichtenheft wird ein lösungsneutrales Anforderungsprofil erstellt, das keine Lösungsansätze und Realisierungskonzepte enthält.

Übergang Systemanalyse: Sollkonzept - Systementwurf

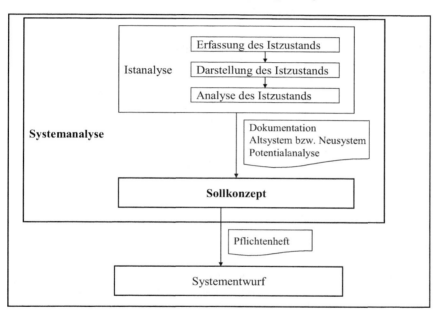

Abb. 2.11: Übergang Sollkonzept – Systementwurf

Krallmann [16] stellt die Entwicklungsmöglichkeiten ausgehend vom Sollkonzept wie folgt dar:

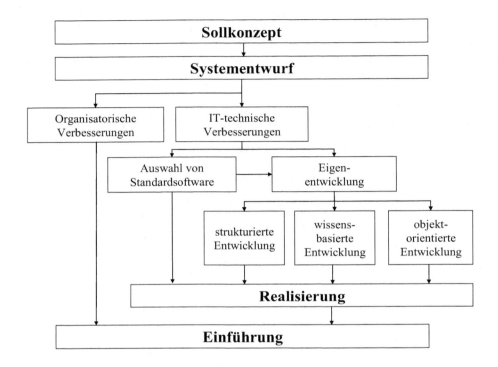

Abb. 2.12: Entwicklungsmöglichkeiten ausgehend vom Sollkonzept

Ein Pflichtenheft ist die vertraglich bindende, detaillierte Beschreibung eines Systems oder einer Aufgabe. Nach DIN 69905 enthält das Pflichtenheft die vom Auftragnehmer erarbeiteten Realisierungsvorhaben aufgrund der Umsetzung des vom Auftraggeber vorgegebenen Lastenhefts. Die Inhalte des zuvor erstellten Lastenhefts (erste Iteration eines Pflichtenhefts) werden präzisiert und ergänzt. Die Ausführungen sollten nachvollziehbar und vollständig sein.

Das Pflichtenheft beschreibt das geplante System und beinhaltet nur Antworten auf die Frage: Was wird umgesetzt? In diesem Black-Box-Ansatz darf es keine Lösungshinweise geben. Diese werden erst in den folgenden Phasen (Systementwurf und Realisierung) erarbeitet.

Ähnlich wie beim Projektauftrag sind die expliziten Inhalte des Pflichtenhefts zurzeit noch nicht normiert. In der Praxis verwenden Unternehmen bzw. Organisationen eigene Dokumente, die nach Form, Umfang und Inhalt erheblich variieren können.

Dieses lösungsneutrale Anforderungsprofil enthält aber häufig Angaben zu

- Anwenderkreis
- inhaltlicher (thematischer) Umfang

2.3 Systemanalyse

- Systemabgrenzung
- Produktübergabe
- Qualität
- IT-Inhalte (Betriebssysteme, Netzwerke, Art der Kommunikation)
- Modellierungs- und Entwicklungswerkzeuge
- Datenbankanforderungen
- Zugriffsrechte
- Benutzeroberfläche (GUI)
- organisatorische Anforderungen.

Balzert [1] schlägt den folgenden Aufbau vor:

1	Zielbestimmung
	1.1 Musskriterien: für das Produkt unabdingbare Leistungen, die in jedem Fall erfüllt werden müssen
	1.2 Wunschkriterien: die Erfüllung dieser Kriterien wird angestrebt
	1.3 Abgrenzungskriterien: diese Kriterien sollen bewusst nicht erreicht werden
2	Produkteinsatz
	2.1 Anwendungsbereiche
	2.2 Zielgruppen
	2.3 Betriebsbedingungen: physikalische Umgebung des Systems, tägliche Betriebszeit, ständige Beobachtung des Systems durch Bediener oder unbeaufsichtigter Betrieb
3	Produktübersicht: kurze Übersicht über das Produkt
4	Produktfunktionen: genaue und detaillierte Beschreibung der einzelnen Produktfunktionen
5	Produktdaten: langfristig zu speichernde Daten aus Benutzersicht
6	Produktleistungen: Anforderungen bezüglich Zeit und Genauigkeit
7	Qualitätsanforderungen
8	Benutzungeroberfläche: grundlegende Anforderungen, Zugriffsrechte
9	Nichtfunktionale Anforderungen: einzuhaltende Gesetze und Normen, Sicherheitsanforderungen, Plattformabhängigkeiten
10	Technische Produktumgebung
	10.1 Software: für Server und Client, falls vorhanden
	10.2 Hardware: für Server und Client getrennt
	10.3 Orgware: organisatorische Rahmenbedingungen
	10.4 Produkt-Schnittstellen
11	Spezielle Anforderungen an die Entwicklungs-Umgebung
	11.1 Software
	11.2 Hardware
	11.3 Orgware
	11.4 Entwicklungs-Schnittstellen
12	Gliederung in Teilprodukte
13	Ergänzungen

Abschließend sei noch ein Beispiel für die Inhalte eines Pflichtenhefts eines großen Konzerns gegeben:

1	Rahmenbedingungen / Grundlagen
	1.1 Ansprechpartner
	1.2 Vertraulichkeit
	1.3 Richtlinien und Konventionen
	1.4 Einzusetzende Tools / Werkzeuge
2	Auftragsbeschreibung
	2.1 Ziele
	2.2 Fachliche Anforderungen
	2.3 Aufgabenabgrenzung
	2.4 Fachliche Abstimmung
	2.5 Datensammlung/Informationsbedarf
	2.6 Migrationsanforderungen
	2.7 Schnittstellen zu anderen Verfahren/Systemen
	2.8 Technische Anforderungen
	2.8.1 DV-technisches Umfeld
	2.8.2 Systemanforderungen
3	Datenschutz- und Datensicherheitsanforderungen
4	Produktübergabe
	4.1 Termine
	4.2 QS-Maßnahmen
	4.3 Erwartete Produktqualität
	4.4 Übergabeobjekte
5	Weitere Vereinbarungen
6	Berichterstattung
7	Anlagen
8	Vertragsanlagen

Ein vollständig ausgearbeitetes Pflichtenheft (für die Fallstudie) ist im Aufgabenteil zu finden.

2.4 Systementwurf

Beim Systementwurf werden die grundlegenden Ansätze zur Lösung des im Pflichtenheft beschriebenen Systems erarbeitet. Es wird die Systemarchitektur, die Gesamtorganisation durch Zerlegung des Systems in Teilsysteme erarbeitet und den Teilsystemen werden Ressourcen (Prozesse, Speicher und Kommunikationskanäle) zugeteilt. Abschließend werden, abhängig von den analysierten Erfordernissen, Prioritäten für die Teilsysteme festgelegt.

2.4 Systementwurf

Die Vorgehensweisen beim Systementwurf hängen stark vom Vorgehensmodell und der Art der Implementierung ab.

Die Systemarchitektur muss allerdings häufig nicht grundlegend neu entwickelt werden, oft können Standard-Systemarchitekturen (Entwurfsmuster, patterns) eingesetzt werden.

Typische Architekturkonzepte in der strukturierten Programmierung sind:

- Batch-Verarbeitung
- Transformation (wie z.B. bei Compilern)
- interaktive Schnittstellen
- dynamische Simulationen
- Echtzeitsysteme
- Transaktionsmanager.

Mögliche Ergebnisse des Entwurfs sind:

- Systemarchitektur, Systemkomponenten
- Funktionshandbuch, Ablauf, Daten und Schnittstellen
- Begriffslexikon
- Benutzerhandbuch
- Testentwurf, Testbedingungen
- Projektplan-Fortschreibung.

Die Ergebnisse des Systementwurfs müssen qualitätsgesichert werden. Die folgenden Punkte sollten bei der strukturierten Programmierung berücksichtigt werden:

- Ist der Entwurf logisch aufgebaut?
- Wurde die Programmiersprache der besonderen Aufgabenstellung entsprechend ausgewählt (strukturiert/objekt-orientiert)? Wurden die Stärken der Programmiersprache berücksichtigt?
- Ist das Programm einfach zu warten?
- Gibt es Hardware-Abhängigkeiten?
- Ist der Funktions- und Leistungsumfang aller Komponenten ausreichend definiert?
- Sind alle Schnittstellen beschrieben?
- Wurden die Grundsätze der strukturierten Programmierung eingehalten?
- Gibt es Datenkapselung?
- Wurden Module mehrfach verwendet?
- Gibt es Berechtigungen oder individuelle Einstellungen?
- Sind ausreichend Testfälle deklariert?
- Ist der Systementwurf für den Entwickler einleuchtend und nachvollziehbar?
- Ist eine Korrektur bzw. Ergänzung des Pflichtenhefts erforderlich? Müssen change requests erstellt werden?

Techniken und Werkzeuge des objekt-orientierten Systementwurfs sind in Oesterreich [20] und Heinrich/Stuck [11] zu finden.

2.5 Realisierung

In der Realisierung wird der Systementwurf umgesetzt. Die Realisierung besteht aus zwei Teilphasen, der Implementierung und dem Testen.

Bei der Implementierung werden die Softwareteile mittels Programmiersprachen umgesetzt. Es entsteht ein Quellcode.

Für das Testen gibt es viele verschiedene Ansatzpunkte. Intensives Testen dient der Qualitätssicherung. In der Realisierung sollten folgende Tests durchgeführt werden:

- Black-Box-Tests bzw. White-Box-Tests
- funktionale Tests
- Akzeptanztests
- Systemtests
- Modultests
- Unit-Tests
- Component Tests
- Schnittstellentests
- Interoperabilitätstests
- Integrationstests
- Regressionstests
- Oberflächentests
- Crashtests
- Performance Tests
- Sicherheitstests
- Zufallstests.

Die Ergebnisse der Realisierung müssen qualitätsgesichert werden. Die folgenden Punkte sollten bei der strukturierten Programmierung berücksichtigt werden:

- Ist der Quellcode vollständig und kommentiert?
- Erfüllen die Programme die Aufgabenstellung?
- Wurden alle Abbruchkriterien überprüft, um Endlosschleifen zu vermeiden?
- Entspricht die Datenstruktur dem Systementwurf?
- Sind Variablennamen selbsterklärend?
- Sind die Datentypen verträglich?
- Sind alle Programmierrichtlinien eingehalten worden?
- Wurden allgemein verfügbare Bibliotheken eingesetzt?
- Hat sich die Programmiersprache als geeignet erwiesen?
- Wurden spezielle Eigenschaften von Compiler/Linker oder vom Entwicklungssystem ausgenützt?
- Sind alle Arbeitsschritte nach QS-Standard dokumentiert?

Techniken und Werkzeuge der objekt-orientierten Realisierung sind in Oesterreich [20] und Heinrich/Stuck [11] zu finden.

2.6 Einführung

Nach der Realisierung erfolgt die letzte Phase im Vorgehensmodell, die Einführung. Die ersten beiden Teilschritte sind die Installation und das danach erforderliche Testen in der Produktivumgebung. Bei der Installation wird das System an seinem Bestimmungsort aufgebaut. Übergeben werden neben allen Programmteilen auch die System- und die Benutzerdokumentation. Diese Dokumentationen beinhalten die Systemspezifikation, alle Ergebnisse der vorherigen Phasen (Dokumentation des Entwurfs und der Systemarchitektur, Quellcode, Testfälle, Testdokumentation), eine Bedienungsanleitung, ein Administrationshandbuch und falls erforderlich ein Installationshandbuch.

Auch in der Phase der Einführung müssen umfangreiche Tests durchgeführt werden:

- funktionale Tests
- Abnahmetests
- Akzeptanztests
- Schnittstellentests
- Interoperabilitätstests
- Integrationstests
- Regressionstests
- Installationstests
- Oberflächentests
- Stresstest
- Crashtests
- Lasttests
- Performance Tests
- WAN-Tests
- Sicherheitstests
- Zufallstests.

Nach einer eventuellen Schulungsphase erfolgt die Produktivschaltung, das System geht in den Echtbetrieb über. Danach folgt die Phase der Wartung, in der noch Fehlerkorrekturen, Anpassungen und kleinere Systemerweiterungen erfolgen.

2.7 Aufgaben

Aufgabe 1

Geben Sie möglichst viele Vor- und Nachteile der Interviewmethode an.

Aufgabe 2

Geben Sie möglichst viele Vor- und Nachteile der Fragebogenmethode an.

Aufgabe 3

Geben Sie möglichst viele Vor- und Nachteile der Berichtsmethode an.

Aufgabe 4

Geben Sie möglichst viele Vor- und Nachteile der Beobachtungsmethode an.

Aufgabe 5

Geben Sie möglichst viele Vor- und Nachteile der Inventurmethode an.

Aufgabe 6

In einer technisch rückständigen Firma soll zum ersten Mal ein IT-System aufgebaut werden. In der ersten Sitzung redet ein externer Projektmanager von folgenden Tätigkeiten und gibt auch schon Schätzungen für deren Dauer vor:

- Systemeinführung (2 Tage)
- Testplanung (3 Tage)
- Angebote einholen (20 Tage)
- Schulungen planen (2 Tage)
- Projektstart (3 Tage)
- Systementwicklung (40 Tage)
- Projektende (2 Tage)
- Testdurchführung (3 Tage)
- Pflichtenhefterstellung (5 Tage)
- Schulungen durchführen (2 Tage)
- Systemplanung (25 Tage).

(a) Erstellen Sie einen Strukturplan.
(b) Berechnen Sie in einer Vorwärtsrechnung die Zeiten $FAZ(i)$ und $FEZ(i)$.
(c) Berechnen Sie in einer Rückwärtsrechnung die Zeiten $SAZ(i)$ und $SEZ(i)$.
(d) Berechnen Sie die gesamten Pufferzeiten $GP(i)$.

(e) Geben Sie die kritischen Pfade an.
(f) Zeichnen Sie den gesamten Netzplan.

Aufgabe 7

Ein Projektleiter hat für die erfolgreiche Abwicklung eines Projektes folgende Vorgangsliste erstellt:

Tätig-keit	Beschreibung	Dauer in Tagen	Vorgänger
A	Projektbegründung	10	-
B	Systemanalyse	20	A
C	Systemdesign	15	B
D	Ausdrucklisten erstellen	3	C
E	Datenbankdesign	2	C
F	GUI-Programmierung	15	C
G	Erstellung lesende SQL-Routinen	5	D, E
H	Erstellung schreibende SQL-Routinen	6	E
I	Durchführung Softwareergonomie	5	F
J	Handbuch erstellen	30	F
K	Verbinden der Komponenten	2	F, G, H
L	Integration und Systemtest	10	K
M	Erstellung online-Hilfe und Test	3	I
N	Test des Handbuchs	3	J
O	Systemabnahme	5	L, M, N

(a) Erstellen Sie einen Strukturplan.
(b) Berechnen Sie in einer Vorwärtsrechnung die Zeiten $FAZ(i)$ und $FEZ(i)$.
(c) Berechnen Sie in einer Rückwärtsrechnung die Zeiten $SAZ(i)$ und $SEZ(i)$.
(d) Berechnen Sie die gesamten Pufferzeiten $GP(i)$.
(e) Geben Sie die kritischen Pfade an.
(f) Zeichnen Sie den gesamten Netzplan.

Aufgabe 8

Die Firma Verisign (siehe [24]) bietet ein Security-Kit an, das durch das folgende Formular bestellt werden kann. Erstellen Sie einen Datenkatalog.

```
Jetzt anfordern:              Anrede*         Bitte wählen ▼
Das kostenlose VeriSign
Security-Kit komplett         Vorname*        [                    ]
mit
                              Name*           [                    ]
  • VeriSign Security-
    Checkliste für Websites   Firma           [                    ]

  • VeriSign Leitfaden        Straße/Nr.*     [                    ]
    "Website-Absicherung für
    Ihr Business"             PLZ/Ort*        [     ] [            ]

  • Original VeriSign Test-ID E-Mail*         [                    ]
    (14 Tage lang auf unsere
    Kosten sicher sein)       Vorwahl/Tel.*   [                    ]

  • das VeriSign Security-    Der Versand des VeriSign Security-Shirts für die
    Shirt (für die ersten 100 ersten 100 Einsender erfolgt per Post.
    Einsender)                T-Shirt-Größe*   ○ L  ○ XL

                              * Pflichtfeld                    ANMELDEN

© 2002-2004 VeriSign Deutschland GmbH.             VeriSign
Alle Rechte vorbehalten. | Datenschutz | Impressum The Value of Trust
```

Aufgabe 9

Für den Schwarzwaldmarathon (siehe [23]) können sich die Sportler durch folgendes Formular anmelden. Erstellen Sie zumindest für einen Teil der Felder einen Datenkatalog.

2.7 Aufgaben

Anmeldeformular

Nachname *	
Vorname *	
Straße *	
Land *	Deutschland
Postleitzahl *	
Ort *	
Geburtstag * (zumindest das Geburtsjahr muß eingestellt werden)	Tag 1 Monat 1 Jahr 2000
Staatsangehörigkeit *	Deutschland
Verein	
eMail-Adresse	
Geschlecht *	○ männlich ○ weiblich
Schuhgröße *	0
Telefon privat	
Mobile	
Ich nehme zum	___ -ten mal am Schwarzwaldmarathon teil.
Wettkampf *	○ Marathon (31,00 €uro) ○ Halbmarathon (21,00 €uro) ○ 10 km Straßenlauf (12,00 €uro) ○ 10 km Nordic-Walking (12,00 €uro) ○ 21 km Nordic-Walking (21,00 €uro)
Meine persönliche Bestzeit	hh:mm:ss
Zahlungsart *	○ Lastschrift (nur bei deutschen Banken möglich) ○ Überweisung
Kontoinhaber	Nur bei abweichendem Kontoinhaber
Bankleitzahl * (bei Zahlungsart Lastschrift)	
Name der Bank	
Kontonummer * (bei Zahlungsart Lastschrift)	

Aufgabe 10

Für den Prozess Einlösung eines Schecks sind drei Bedingungen gegeben:

- Überschreitung größer 1.000€
- Zahlungsverhalten in der Vergangenheit vorbildlich
- Kreditrahmen überschritten.

(a) Erstellen Sie eine Entscheidungstabelle. Finden Sie dabei vernünftige Aktionen für die unterschiedlichen Bedingungskonstellationen.
(b) Erstellen Sie einen Entscheidungsbaum.
(c) Stellen Sie den Prozess durch Pseudocode dar.

Aufgabe 11

Bei der Abwicklung eines Kundenauftrags sind drei Bedingungen gegeben:

- Artikel vorrätig
- Zahlungsverhalten in Ordnung
- Selbstabholer.

(a) Erstellen Sie eine Entscheidungstabelle. Finden Sie dabei vernünftige Aktionen für die unterschiedlichen Bedingungskonstellationen.
(b) Erstellen Sie einen Entscheidungsbaum.
(c) Stellen Sie den Prozess durch Pseudocode dar.

Aufgabe 12 (Fallstudie)

Erstellen Sie einen Projektauftrag.

Aufgabe 13 (Fallstudie)

Welche Fachabteilungen sind bei der Istanalyse betroffen?

Aufgabe 14 (Fallstudie)

Welche Informationen erwarten Sie aus welcher Fachabteilung?

Aufgabe 15 (Fallstudie)

Welche Erhebungs- bzw. Erfassungsmethoden sollte man bei den verschiedenen Fachabteilungen einsetzen?

Aufgabe 16 (Fallstudie)

Versuchen Sie mit der Interviewmethode möglichst viele Informationen von der Poststelle zu bekommen. Stellen Sie dazu möglichst viele sinnvolle Fragen. Ein Live-Ablauf der Interviewmethode kann hier nicht simuliert werden. Deshalb werden die Fragen schon in einer sinnvollen Reihenfolge gestellt. Anschließend werden sofort die Antworten gegeben, um weitere Fragen herausfinden zu können.

2.7 Aufgaben

Aufgabe 17 (Fallstudie)

Stellen Sie die Informationen, die Sie von der Poststelle erhalten haben (siehe vorhergehende Aufgabe), in Berichtsform und durch ein Datenflussdiagramm (SSA) dar.

Aufgabe 18 (Fallstudie)

Versuchen Sie mit der Interviewmethode möglichst viele Informationen von der Leitung der Erfassungsabteilung zu bekommen. Stellen Sie dazu möglichst viele sinnvolle Fragen. Ein Live-Ablauf der Interviewmethode kann hier nicht simuliert werden. Deshalb werden die Fragen schon in einer sinnvollen Reihenfolge gestellt. Anschließend werden sofort die Antworten gegeben, um weitere Fragen herausfinden zu können.

Aufgabe 19 (Fallstudie)

Erstellen Sie einen Fragebogen, um möglichst viele Informationen von den Erfassungskräften zu bekommen. Im Anschluss an den Fragebogen erhalten Sie vernünftige Antworten, um weitere Aufgaben bearbeiten zu können.

Aufgabe 20 (Fallstudie)

Stellen Sie die Informationen, die Sie von der Erfassungsabteilung erhalten haben (siehe vorhergehende zwei Aufgaben), in Berichtsform und durch ein Datenflussdiagramm (SSA) dar.

Aufgabe 21 (Fallstudie)

Versuchen Sie mit der Interviewmethode möglichst viele Informationen von den Mitarbeitern der IT-Abteilung zu bekommen. Stellen Sie dazu möglichst viele sinnvolle Fragen. Ein Live-Ablauf der Interviewmethode kann hier nicht simuliert werden. Deshalb werden die Fragen schon in einer sinnvollen Reihenfolge gestellt. Anschließend werden sofort die Antworten gegeben, um weitere Fragen herausfinden zu können.

Aufgabe 22 (Fallstudie)

Stellen Sie die Informationen, die Sie von den Mitarbeitern der IT-Abteilung erhalten haben (siehe vorhergehende Aufgabe), in Berichtsform und durch ein Datenflussdiagramm (SSA) dar.

Aufgabe 23 (Fallstudie)

Versuchen Sie mit der Interviewmethode möglichst viele Informationen von den Mitarbeitern der Marketingabteilung zu bekommen. Stellen Sie dazu möglichst viele sinnvolle Fragen. Ein Live-Ablauf der Interviewmethode kann hier nicht simuliert werden. Deshalb werden die Fragen schon in einer sinnvollen Reihenfolge gestellt. Anschließend werden sofort die Antworten gegeben, um weitere Fragen herausfinden zu können.

Aufgabe 24 (Fallstudie)

Stellen Sie die Informationen, die Sie von den Mitarbeitern der Marketingabteilung erhalten haben (siehe vorhergehende Aufgabe), in Berichtsform und durch ein Datenflussdiagramm (SSA) dar.

Aufgabe 25 (Fallstudie)

Versuchen Sie mit der Interviewmethode möglichst viele Informationen von den Mitarbeitern der Personalabteilung zu bekommen. Stellen Sie dazu möglichst viele sinnvolle Fragen. Ein Live-Ablauf der Interviewmethode kann hier nicht simuliert werden. Deshalb werden die Fragen schon in einer sinnvollen Reihenfolge gestellt. Anschließend werden sofort die Antworten gegeben, um weitere Fragen herausfinden zu können.

Aufgabe 26 (Fallstudie)

Stellen Sie die Informationen, die Sie von den Mitarbeitern der Personalabteilung erhalten haben (siehe vorhergehende Aufgabe), in Berichtsform und durch ein Datenflussdiagramm (SSA) dar.

Aufgabe 27 (Fallstudie)

Versuchen Sie mit der Interviewmethode möglichst viele Informationen von den Mitarbeitern der Geschäftsleitung zu bekommen. Stellen Sie dazu möglichst viele sinnvolle Fragen. Ein Live-Ablauf der Interviewmethode kann hier nicht simuliert werden. Deshalb werden die Fragen schon in einer sinnvollen Reihenfolge gestellt. Anschließend werden sofort die Antworten gegeben, um weitere Fragen herausfinden zu können.

Aufgabe 28 (Fallstudie)

Stellen Sie die Informationen, die Sie von den Mitarbeitern der Geschäftsleitung erhalten haben (siehe vorhergehende Aufgabe), in Berichtsform und durch ein Datenflussdiagramm (SSA) dar.

Aufgabe 29 (Fallstudie)

Versuchen Sie mit der Interviewmethode möglichst viele Informationen von den Mitarbeitern, die mit der Archivierung beschäftigt sind, zu bekommen. Stellen Sie dazu möglichst viele sinnvolle Fragen. Ein Live-Ablauf der Interviewmethode kann hier nicht simuliert werden. Deshalb werden die Fragen schon in einer sinnvollen Reihenfolge gestellt. Anschließend werden sofort die Antworten gegeben, um weitere Fragen herausfinden zu können.

Aufgabe 30 (Fallstudie)

Stellen Sie die Informationen, die Sie von den Mitarbeitern, die mit der Archivierung beschäftigt sind, erhalten haben (siehe vorhergehende Aufgabe), in Berichtsform und durch ein Datenflussdiagramm (SSA) dar.

Aufgabe 31 (Fallstudie)

Erstellen Sie einen Kurzbericht über den gesamten Prozess der Erfassung und stellen Sie diesen Prozess durch ein Datenflussdiagramm (SSA) dar. Verwenden Sie hierfür die Ergebnisse der Aufgaben 9 – 23.

Aufgabe 32 (Fallstudie)

Erstellen Sie einen Datenkatalog für den Beleg der Firma Klick und Klack auf Seite 41.

Aufgabe 33 (Fallstudie)

Erstellen Sie aus den Ergebnissen der Istanalyse (siehe Aufgabe 31) ein Pflichtenheft.

Aufgabe 34

Ordnen Sie alle angegebenen Fachbegriffe den verschiedenen Phasen der Systementwicklung zu:
Bedienungsanleitung, Beobachtungsmethode, Berichtsmethode, Beteiligung, Datenflussdiagramm, Datenkatalog, Einzelbefragung, Entity-Relationship-Diagramm, Entscheidungsbaum, Entscheidungstabelle, Fragebogenmethode, Implementierung, Informationsgewinnung, Installation, Installationshandbuch, Interviewmethode, Inventurmethode, Konferenz, Konfigurationsmanagement, Modelle, Phasenmodell, Produktivschaltung, Projektauftrag, Projektmanagement, Prozessbeschreibung, Pseudocode, Qualitätsmanagement, Quellcode, Schulungsphase, Strukturierte Analyse, System, Systemarchitektur, Testen, Testfälle, Vorgehensmodell, Wartung.

3 Vorgehensmodelle für die Softwareentwicklung

Ein Vorgehensmodell (siehe vorheriges Kapitel) gliedert den Prozess der Organisation in verschiedene, strukturierte Phasen, in denen standardisierte Methoden, Techniken und Werkzeuge eingesetzt werden. Die Aufgabe von Vorgehensmodellen ist es, die allgemein in einem Gestaltungsprozess auftretenden Aufgabenstellungen und Aktivitäten in einer vernünftigen Abfolge darzustellen.

In diesem Kapitel werden Vorgehensmodelle für die Softwareentwicklung betrachtet. Bei diesen Modellen werden die allgemeinen Vorgehensmodelle den Besonderheiten der Softwareentwicklung angepasst. Bedingt durch den hohen Komplexitätsgrad, heutzutage ein Charakteristikum für die Softwareentwicklung, bedarf es einer definierten Reihenfolge der einzelnen Aktivitäten innerhalb der Softwareentwicklung. Ziel dieser Vorgehensmodelle ist es, eine Anleitung zur erfolgreichen Durchführung von Softwareentwicklungsprojekten zu geben. Teile des Entwicklungsprozesses werden zeitlich und inhaltlich voneinander abgegrenzt. Das gesamte Vorhaben erhält eine Struktur, in der jede Phase einen bestimmten Zeitraum besitzt und einen definierten Input erhält. Das folgende Kapitel gibt einen Überblick über die wichtigsten Vorgehensmodelle für die Softwareentwicklung und zeigt die historische Entwicklung auf. Der Softwarelebenszyklus wird vorgestellt und ein Vergleich des konventionellen und des objektorientierten Modells vorgenommen. Danach werden Code and Fix, das Wasserfallmodell, das Spiralmodell, das V-Modell, der Rational Unified Process (RUP), das Prototyping, das iterativ inkrementelle Modell und die Methode XP vorgestellt.

3.1 Softwarelebenszyklus

Der Softwarelebenszyklus ist das Metamodell für alle Vorgehensmodelle. Er stellt den gesamten Ablauf der Softwareentwicklung durch einen Kreislauf mit sieben Knoten dar. Jeder Knoten hat genau einen Vorgänger und Nachfolger, wobei der Nachfolger des letzten Knotens der erste Knoten ist. Jeder Knoten stellt eine bestimmte Aktivität innerhalb der Softwareentwicklung dar und liefert Ergebnisse an seinen direkten Nachfolger.

Softwarelebenszyklus

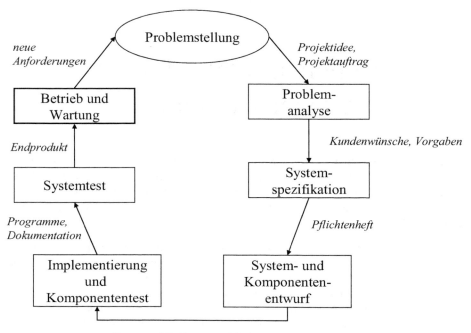

Abb. 3.1: Softwarelebenszyklus

Die einzelnen Phasen des Softwarelebenszyklus sind:

1. die Problemstellung
2. die Problemanalyse
3. die Systemspezifikation
4. der System- und Komponentenentwurf
5. die Implementierung und der Komponententest
6. der Systemtest
7. der Betrieb und die Wartung.

Die dargestellten Ergebnisse jeder Phase werden als Input für die nachfolgende Phase benötigt.

Der Softwarelebenszyklus beginnt immer mit einer Problemstellung. Aus dieser wird eine Projektidee entwickelt. Entscheidet die Geschäftsleitung, dass diese Idee weiterverfolgt werden soll, wird ein Projektauftrag erstellt, der zur Phase der Problemanalyse überleitet. Die Kundenwünsche und Vorgaben werden zusammengestellt und in einem groben Anforderungsplan festgehalten. Dieser Plan ist die Grundlage für die nun folgende Phase der Systemspezifikation. Alle Spezifikationen, die das Softwaresystem betreffen, werden aufgenommen und in einem Pflichtenheft dokumentiert. Dieses Pflichtenheft ist vertraglich bindend, detailliert in den Anforderungen und lösungsneutral. In der folgenden System- und Komponentenentwurfsphase wird die Software zuerst grob geplant. Nach einer Detailplanung wird die Software entsprechend den Anforderungen des Pflichtenheftes modelliert. Als Ergebnis dieser Designphase entstehen ein Datenmodell, die Systemarchitektur und die Struktur der Systemkomponenten. Diese Elemente werden in der nachfolgenden Implementierungsphase in einer Programmiersprache umgesetzt. Die Funktionalität der einzelnen Komponenten wird in den Komponententests verifiziert. Diese Phase ist abgeschlossen, sobald die Komponenten abgenommen und die entsprechenden Dokumentationen erstellt wurden. Anhand der Dokumentationen wird nun in der Systemtestphase das reibungslose Zusammenspiel aller zur Software gehörenden Komponenten kontrolliert. Ist diese Testphase abgeschlossen, stellt die entwickelte Software das dem Pflichtenheft entsprechende Endprodukt dar. Das System wird produktiv geschaltet, womit selbstverständlich die Phase der Wartung beginnt.

Da aber keine Software perfekt ist, werden über kurz oder lang neue Problemstellungen auftreten, die wieder den Anfang für eine neue Runde im Softwarelebenszyklus bilden.

3.2 Vergleich konventionelles und objektorientiertes Modell

In der heutigen Zeit gibt es, abgesehen von eher unbedeutenden Bestrebungen, zwei Hauptströmungen in der Entwicklung von Softwaresystemen, die konventionelle oder strukturierte Vorgehensweise und die objektorientierte Vorgehensweise. Beide könnte man auch Entwicklungs- oder Programmierphilosophien nennen.

Beide Vorgehensweisen beinhalten Modelle zu Prozessen, Funktionen, Daten, Zuständen und zur Workflowsteuerung (Benutzeroberfläche). Der zentrale Unterschied ist die größere Abstraktion in der Objektorientierung. Dort werden Daten und Funktionen nicht mehr getrennt gesehen, sondern immer im Zusammenspiel miteinander. Das Daten- und das Funktionenmodell verschmelzen zu einem Modell, dem Klassenmodell.

Mit den im Folgenden vorgestellten Vorgehensmodellen für die Softwareentwicklung können meist beide Entwicklungsphilosophien umgesetzt werden. Dies ist jedoch nicht immer empfehlenswert, da die Modelle häufig eine der beiden Philosophien eindeutig bevorzugen. So ist das Wasserfallmodell bestens geeignet, strukturierte Modelle umzusetzen, während der RUP ein Parademodell für objektorientiertes Entwickeln ist.

Die folgenden beiden Schaubilder zeigen die Unterschiede der beiden Modelle auf:

Modelle bei konventionellem (strukturiertem) Vorgehen

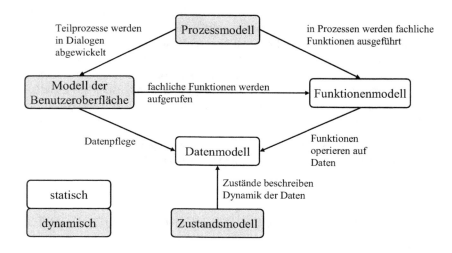

Abb. 3.2: konventionelles Vorgehen

Modelle bei objektorientiertem Vorgehen

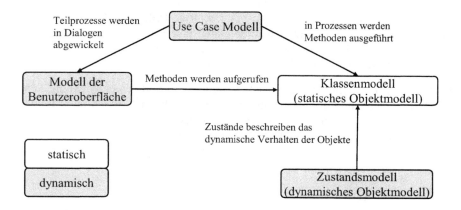

Abb. 3.3: objektorientiertes Vorgehen

3.3 Code and Fix

Seit der Entwicklung von Software gibt es eine Vorgehensweise, die vor allen Dingen in den frühen Jahren der Softwareentwicklung und heutzutage von Programmieranfängern genutzt wird. Es handelt sich um die so genannte „Code and Fix"- oder auch „Quick and Dirty"-Variante der Softwareentwicklung. Diese Vorgehensweise besteht aus genau zwei Phasen, der Code- und der Fixphase. In der ersten Phase werden die Quelltexte geschrieben, in der anschließenden Fixphase wird versucht, alle Fehler zu beseitigen. Besonders charakteristisch für diese Variante der Softwareentwicklung ist die unsystematische Vorgehensweise. Bei Testfällen oder Machbarkeitsstudien sowie bei den meisten Übungsaufgaben zum Erlernen einer neuen Programmiersprache erweist sich diese Vorgehensweise als effizient, da man direkt mit der Lösung des Problems beginnt. Sobald jedoch die Software oder auch die Aufgabenstellung etwas komplexer wird, ist ein Scheitern vorprogrammiert. Bereits nach ein paar Fixes, also Fehlerverbesserungen, wird der Code unstrukturiert. Die „Code and Fix"-Variante ist einer der Gründe für die in der Softwareentwicklung bestehende 80/20-Regel, die besagt, dass die ersten 80% einer Software in 20% der Zeit geschrieben werden und die nachfolgenden 20% die restlichen 80% der Zeit benötigen. Der Grund dafür ist, dass kaum oder keine Vorbereitungen für Tests und Modifikationen getroffen wurden.

3.4 Wasserfallmodell

Wasserfallmodelle sind die ersten geordneten Vorgehensweisen zur Softwareentwicklung. Sie bieten folgende Aspekte:

- logische Gliederung der Aktivitäten
- Aktivitätengruppen mit Vor- und Nachbedingungen (Zulieferleistungen bzw. Phasenergebnisse)
- zugeordnete Kosten und Termine in jeder Phase
- Rückkopplung zur vorhergehenden Phase in den weiterentwickelten Modellen möglich.

Vorgeschlagen wurde das Wasserfallmodell von Royce [25] im Jahre 1970. Völlig analog zum Softwarelebenszyklus entstand ein Modell mit 7 Phasen:

---

1. System Requirements
2. Software Requirements
3. Analysis
4. Program Design
5. Coding
6. Testing
7. Operations.

Versteegen [28] gliedert später das Vorgehensmodell in nur vier Phasen auf:

1. Requirement Analysis (Anforderungsmanagement)
2. Design (Entwurf)
3. Implementation (coding, testing) (Implementierung und Testen)
4. Integration (Einführung).

Eines der am besten ausformulierten Wasserfallmodelle besteht aus 8 Phasen:

1. Problemanalyse
2. Systemspezifikation
3. Grobentwurf
4. Feinentwurf
5. Implementierung
6. Integration
7. Installation
8. Betrieb und Wartung.

Wasserfall-Modell

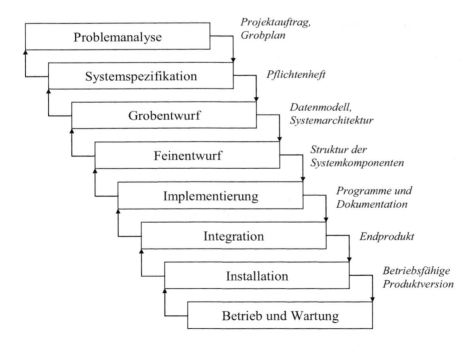

Abb. 3.4: Wasserfallmodell mit 8 Phasen

Für jede Phase gibt es Eingabe- und Übergabeobjekte. Es ist eine Rückkopplung zur vorhergehenden Phase möglich.

Der Vorteil des Wasserfallmodells ist zum einen die schon vorher genannte logische Gliederung der Aktivitäten und die Möglichkeit, das Budget auf die entsprechenden Phasen aufzuteilen. Ein weiterer Nutzen dieser Aufteilung ist, dass jeder Abschnitt zeitlich eingegrenzt werden kann. Mittels dieser Aufteilung ist es möglich, in jeder Phase Meilensteine für das Projektcontrolling aufzustellen. Da bei einem strengen sequentiellen Ablauf kein Rücksprung zu einer bereits abgeschlossenen Aktivität erlaubt ist, zeigen viele Wasserfallmodelle nicht nur direkte Verbindungen zur nachfolgenden Phase, sondern auch zum vorhergehenden Prozess. Diese Verbindung soll einen Rücksprung in die direkte Vorgängerphase ermöglichen. An diesem Punkt können jedoch große Probleme entstehen, nämlich dann, wenn für jede Phase des Wasserfallmodells eine Projektgruppe erstellt wurde, die nach dem vermeintlichen Abschluss der Aktivität aufgelöst wird. Da ein Abschluss impliziert, dass alle die Phase betreffenden Probleme erkannt und gelöst wurden, wird der Rücksprung in einen bereits abgeschlossenen Prozess immens teuer. Zusätzlich kann immer nur auf die direkte Vorgängerphase zurückgesprungen werden, d.h. Fehler werden teurer, wenn sie später entdeckt werden. Diese Problematik entsteht, weil das Wasserfallmodell keine phasenübergreifende Qualitätssicherung besitzt. Vielmehr ist die Qualitätssicherung in jedem Abschnitt ein eigener Aufgabenbereich. Ein weiterer Nachteil besteht darin, dass der Endanwender viel zu spät mit in die Entwicklung einbezogen wird, erst in den Phasen Installation und Betrieb. Dadurch können leicht Missverständnisse entstehen. Durch den definierten Ablauf bedingt, kommt es erst beim Produktivstart einer Software zum ROI. Da es keinerlei Zwischenprodukte gibt, die abgenommen werden können, wird die Software normalerweise erst bei Lieferung bezahlt. Ein weiteres Problem des Wasserfallmodells bedeutet die Tatsache, dass es keine langfristige Weiterentwicklungsstrategie berücksichtigt.

Trotz dieser großen Anzahl von Kritikpunkten gibt es heutzutage immer noch viele Bereiche, in denen sich das Vorgehen nach dem Wasserfallmodell lohnt. Hier sei z.B. das Entwickeln von schnellen Prototypen genannt. Da Prototypen in der Regel kurze Entwicklungszeiten haben und sie oft nur als Machbarkeitsstudien genutzt werden, ist der Ablauf eher linear und es treten nur sehr selten Änderungswünsche seitens des Auftraggebers auf.

3.5 Prototyping

Das Prototyping ist ein Verfahren, das Bestandteil vieler Modelle ist. Es handelt sich um das Erstellen eines groben Beispielsystems, das meist nur die zu testende oder zu präsentierende Funktionalität enthält und auf jegliche Dokumentation verzichtet. Das Ziel ist es, aus der Arbeit des Benutzers Erkenntnisse zu gewinnen, die in die endgültige Anforderungsbeschreibung integriert werden oder neu zu definierende Sachverhalte beschreiben.

Es gibt zwei unterschiedliche Prototypen:

- schnelle Prototypen (Throw-Away-Prototyping)
- evolutionäre Prototypen.

Die schnellen Prototypen dienen nur Demonstrationszwecken. Es sind mit einfachen Mitteln (Programmgeneratoren, Skriptsprachen, Oberflächenwerkzeugen, usw.) erstellte Prototypen, die nicht weiterverwendet werden können. Es erfolgt keine Programmierung in der eigentlichen Sprache.

Vorteile der schnellen Prototypen:

- ideales Verfahren zur Kommunikation von Auftraggeber und Entwickler
- bestens geeignet zur Verifizierung von Benutzerschnittstellen (GUIs)
- geeignetes Abstimmungsverfahren, um Funktionalitäten und Abläufe zu klären, ohne dass diese schon ausprogrammiert sind.

Nachteile der schnellen Prototypen:

- Mehraufwand
- Zeitverzögerung.

Bei den evolutionären Prototypen wird aufgrund der Anforderungen aus dem Pflichtenheft ein erster Prototyp erstellt. Direkt anschließend erfolgt die Verifizierung durch den Anwender. Nimmt er den Prototypen ab, so geht dieser in Produktion, andernfalls wird ein zweiter Prototyp erstellt, der die Wünsche bzw. Modifikationen des Anwenders berücksichtigt. Dieses Vorgehen wird so oft wiederholt, bis der Anwender den Prototyp akzeptiert. Nach Inbetriebnahme, in der Wartungsphase, können neuen Anforderungen entstehen. Dann geht das Verfahren in die nächste Schleife.

Vorteile der evolutionären Prototypen:

- Eine erste Version kann sehr schnell erstellt und mit dem Kunden besprochen werden.
- Das Projektmanagement kann auf Teilprojekte heruntergebrochen werden.
- Der Leistungsumfang muss nicht zu Beginn feststehen, sondern kann ständig verändert oder erweitert werden.

Nachteile der schnellen Prototypen:

- Die im Entwurf festgelegte Systemarchitektur muss zukunftsfähig sein, um später auftretende Anforderungen und Erweiterungen zu erlauben.
- Es besteht die Gefahr, dass viele Szenarien ausprobiert und anschließend wieder verworfen werden.
- Für das Prototyping gibt es kein Phasenmodell.
- Prototyping wird häufig als unendlich langer Wartungsprozess gesehen.

3.6 Iterativ inkrementelles Modell

Das iterativ inkrementelle Modell ist eng mit den Prototypen verknüpft. Die Entwicklung erfolgt in Iterationen, die das System schrittweise erweitern.

Die Ziele und Eigenschaften sind:

- Erstellung eines ganz schmalen Systems mit wenigen Funktionen, damit sich der Auftraggeber ein Bild über die Handhabung verschaffen kann.
- Änderungswünsche können rechtzeitig eingebracht werden.
- Nach und nach wird zusätzliche Funktionalität integriert.

Vorteile des iterativ inkrementellen Modells:

- Rückmeldung der Anwender während der Entwicklung
- stufenweise Einführung (Der ROI beginnt früh.)
- kürzere Entwicklungszeit, da unwesentliche Punkte erkannt und gar nicht umgesetzt werden.

Nachteile:

- Integration der Inkremente hängt von der Software-Architektur ab. Nachträgliches Ändern verursacht viele Neuentwicklungen.
- mehrmalige Einführung erhöht den organisatorischen Aufwand und erfordert Disziplin beim Anwender.

3.7 Spiralmodell

Boehm [4] stellte 1988 eine bahnbrechende Weiterentwicklung des Wasserfallmodells vor, das Spiralmodell. Die Besonderheit des Spiralmodells lag in dem Novum der Risikoorientierung. Während Modelle wie Code and Fix und das Wasserfallmodell codegetrieben sind, ist ein wesentlicher Aspekt der Softwareentwicklung mittels des Spiralmodells die Vermeidung von hohen Risiken.

Den Namen Spiralmodell verdankt dieses Modell der Darstellung der Softwareentwicklung, die sich wie eine Spirale von innen nach außen ausbreitet. Als iterativer Ansatz der Softwareentwicklung stellt das Spiralmodell einen evolutionären Prozess dar. Hierbei durchläuft das Produkt vier verschiedene Phasen, die sich so oft wiederholen, bis das gewünschte Ergebnis erreicht wird oder dieses unter bestimmten Bedingungen nicht mehr erreicht werden kann. Die vier zu durchlaufenden Phasen sind:

1. Festlegung von Zielen, Lösungsvarianten, Nebenbedingungen und Einschränkungen
2. Erarbeitung und Beurteilung von Lösungsvarianten, Erkennen und Beseitigen von Risiken
3. Entwicklung und Validierung des Produkts der nächsten Stufe
4. Planung der nächsten Phasen.

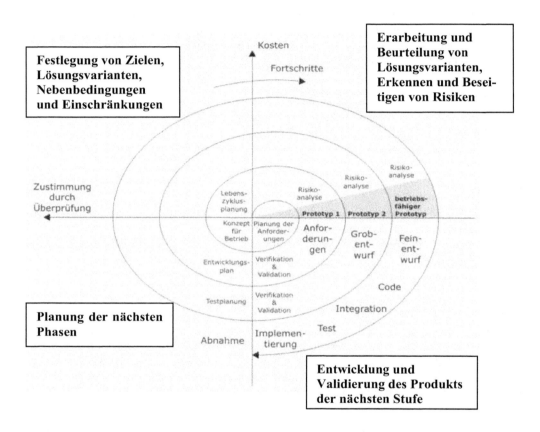

Abb. 3.5: Spiralmodell

Nach jedem Durchlaufen der Spirale wird das Ergebnis durch den Auftraggeber abgenommen, so dass immer ein beidseitiges Feedback garantiert wird. Der Auftraggeber kann während des Reviews den Projektfortschritt verifizieren und gegebenenfalls die anfallenden Schritte für den nächsten Zyklus in Auftrag geben. Da jede Iteration ein Teilprojekt darstellt, können Auftraggeber und das ausführende Projektteam Teilzahlungen bei Erreichen von bestimmten Zielen vereinbaren. Somit erreicht die Softwareentwicklungsabteilung einen schnelleren ROI, der sich auf die Planungssicherheit, bedingt durch höhere Liquidität während der Projektphase, auswirkt. In jeder Phase wird ein funktionstüchtiger Prototyp entwickelt, der auch für spätere Projekte eingesetzt werden kann. Ebenso ist es möglich, den Prototypen nach dem Abschluss einer Iteration in verschiedene Komponenten aufzuteilen, die anschließend jede für sich weiter entwickelt werden. Dieser Aspekt erhöht ebenfalls die Planungssicherheit. Falls eine Phase durch unvorhergesehene Probleme scheitert, existiert immer noch das Ergebnis der letzten Entwicklungsstufe, so dass ein bestehendes Ergebnis als Ausgangsprodukt für weitere Iterationen genutzt werden kann.

Die Darstellung des Spiralmodells zeigt nicht nur den schematischen Verlauf des Projektes, sondern enthält noch mehr Informationen. Die Fläche der Spirale spiegelt die Summe aller bisher in der Entwicklung angefallenen Kosten wieder. Der Winkel der Spirale ist ein Indiz für den Entwicklungsfortschritt innerhalb des jeweiligen Zyklus. So kann man schon auf einen Blick erkennen, in welcher Phase sich die Entwicklung derzeit befindet, wie weit das Produkt schon fortgeschritten ist (Anzahl der Iterationen) und wie viel Geld bereits in diese Software investiert wurde.

Balzert [2] fasst die Charakteristika des Spiralmodells wie folgt zusammen:

- Risikogetriebenes Modell, bei dem die Minimierung des Risikos oberstes Ziel ist.
- Jede Spirale stellt einen iterativen Zyklus durch dieselben Schritte dar.
- Die Ziele für jeden Zyklus werden aus den Ergebnissen des letzten Zyklus abgeleitet.
- Separate Spiralzyklen können für verschiedene Software-Komponenten durchgeführt werden.
- keine Trennung in Entwicklung und Wartung
- Ziel: Beginne im Kleinen, halte die Spirale so eng wie möglich und erreiche so die Entwicklungsziele mit minimalen Kosten
- Bei der Zielbestimmung werden auch Qualitätsziele aufgeführt.
- Für jede Aktivität und jeden Ressourcenverbrauch wird gefragt „Wie viel ist genug?". Dadurch wird ein „Overengineering" vermieden.

Man kann nun deutlich erkennen, dass dieser Ansatz ein komplett anderer ist als beim Wasserfallmodell. Durch die frühe Anwendereinbindung mittels Prototyping und Reviews werden sowohl technische als auch fachliche Fehler wesentlich früher erkannt und können somit kostengünstiger behoben werden. Da es durch die kontinuierliche Weiterentwicklung keinerlei Trennung von Entwicklung und Wartung gibt, kann das Spiralmodell auch zu Recht als langfristige Weiterentwicklungsstrategie bezeichnet werden.

3.8 V-Modell

Das V-Modell wurde in seiner ursprünglichen Form aus dem Konzept des Wasserfallmodells entwickelt. Durch eine konsequente Weiterentwicklung des V-Modells entstanden im Laufe der Zeit Nachfolgemodelle, die jeweils den vorherigen Standard ablösten. Das erste V-Modell wurde 1986 in Deutschland vorgestellt. In den Jahren 1992 und 1997 wurde das jeweilige Modell durch die Versionen V-Modell 92 und V-Modell 97 abgelöst. Im Jahre 2005 wurde die Version V-Modell 97 durch das derzeit aktuelle V-Modell XT ersetzt.

Jedes dieser V-Modelle wurde im Laufe der Zeit konsequent an aktuelle Vorschriften und Normen angepasst. Somit hat sich das V-Modell auch seit dem Beginn seiner Existenz immer weiter vom sequentiellen Wasserfallmodell entfernt und erhielt schließlich in seiner 97er-Version sogar erste iterative Ansätze.

Das V-Modell stammt aus dem Bereich des Militärs. Als das Bundesministerium für Verteidigung 1986 zwei Projekte startete, benötigte die Bundeswehr ein Prozessmodell, das alle Anforderungen bewältigte. Da kein Prozess der NATO-Partner allen Anforderungen entsprach, sah sich das Verteidigungsministerium genötigt, selbst ein Prozessmodell zu entwerfen. Aus dieser Not heraus wurde das V-Modell geboren. Während der beiden Projekte wurden alle Erkenntnisse in das V-Modell integriert, so dass schon nach Abschluss der beiden Projekte eine verbesserte Version des V-Modells verabschiedet werden konnte. Der Name V-Modell stammt von der V-förmigen Darstellung der einzelnen Projektabschnitte, die sowohl nach ihrem zeitlichen Ablauf als auch nach ihrer Detailtiefe gegliedert sind.

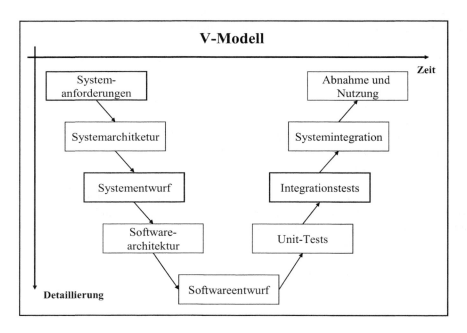

Abb. 3.6: V-Modell

Da nicht nur das Verteidigungsministerium zu dieser Zeit Probleme mit der Auswahl eines passenden Prozessmodells hatte, wurde die Verantwortung für das V-Modell Ende 1991 der Koordinierungs- und Beratungsstelle der Bundesregierung für Informationstechnik in der Bundesverwaltung (KBSt) übertragen. Ihr wurde weiterhin aufgetragen, das V-Modell so weiter zu entwickeln, dass es auch für die zivile Nutzung freigegeben werden konnte. Im

August 1993 waren diese Arbeiten abgeschlossen und der zivilen Nutzung des V-Modells stand nichts mehr im Wege.

3.8.1 V-Modell 97

Eine Schwäche des ersten V-Modells war, dass es seit 1993 nicht mehr weiterentwickelt wurde, so dass man mit diesem Modell neue Entwicklungsansätze, wie z.B. die Objektorientierung, nicht berücksichtigen konnte. Das V-Modell war rein auf strukturierte Programmierung ausgelegt und ließ auch keinen Freiraum für andere Aspekte. Aus diesen Gründen sah sich die Bundesregierung gezwungen, das V-Modell weiterentwickeln zu lassen. Das Ergebnis dieser Weiterentwicklung war das V-Modell 97. Dieses Modell berücksichtigte nicht nur die neuen Softwareentwicklungsansätze, sondern konnte auch für die Koordination zur Entwicklung von Hardware genutzt werden. Bei dieser Version des V-Modells wurden sowohl die Aktivitäten als auch die Produkte der Entwicklungs- und Wartungsphase festgelegt. Neben den einzelnen Produktzuständen wurden außerdem die logischen Abhängigkeiten zwischen Aktivitäten und Produkten abgebildet. Um diese Abhängigkeiten und Zustände darzustellen, wurden vier Submodelle genutzt:

- Systemerstellung (SE)
- Qualitätssicherung (QS)
- Konfigurationsmanagement (KM)
- Projektmanagement (PM).

Diese vier Submodelle unterschieden sich bei der Beschreibung der Produkte und Aktivitäten durch ihren Abstraktionsgrad. Eine Aktivität hatte immer ein festgelegtes Ziel aus einer bestimmten Kategorie. Diese Kategorien waren:

- Herstellung eines Produktes
- Änderung des Zustands eines Produktes
- Änderung des Inhalts eines Produktes.

Ein Produkt konnte jeweils einen der vier Zustände besitzen:

- geplant
- in Bearbeitung
- vorgelegt
- akzeptiert.

3.8.2 V-Modell XT

Das Ziel des V-Modells ist es, eine Allgemeingültigkeit in der Produktentwicklung zu erreichen, so dass es für die verschiedensten Produktentwicklungen eingesetzt werden kann. Mit dem so genannten Tailoring (Maßschneidern) sollte dieses Ziel erreicht werden. Das V-Modell 97 unterstützte in den letzten Versionen das Maßschneidern der Produkte und Aktivitäten.

Da das Tailoring im V-Modell 97 jedoch durch diverse Aspekte limitiert wurde, erschien im Jahr 2005 eine neue Variante des V-Modells. Dieses V-Modell trägt das Kürzel XT, was eXtreme Tailoring bedeuten soll. So wurde auf einen Blick klar, welcher Aspekt in dieser neuen Version des V-Modells eine besondere Bedeutung besitzt.

Nicht nur das erweiterte Maßschneidern ist ein Novum beim V-Modell XT. Um das Tailoring noch effektiver gestalten zu können, wurde das V-Modell sehr stark modularisiert. Die vier aus dem V-Modell 97 bekannten Submodelle gibt es in dieser neuen Variante nicht mehr, da alle Bereiche nur noch als Vorgehensbausteine existieren. Mittels dieser Vorgehensbausteine kann nun ein individuelles V-Modell für ein bestimmtes Projekt erstellt werden. Ebenso wird bei diesem V-Modell der Auftraggeber mit in den Entwicklungsprozess eingebunden. Auch für ihn gibt es Vorgehensbausteine, so dass eigentlich zwei Projekte parallel ablaufen, eins beim Auftraggeber und eins beim Auftragnehmer. Neben dieser neuen Aufteilung der Aufgaben und der erweiterten Funktionalität im Bereich des Tailoring orientiert sich das V-Modell XT auch stärker in Richtung agiler Softwareentwicklung und besitzt, wie auch schon das 97er-Modell, inkrementelle Ansätze. War in den früheren Versionen immer die Vorhergehensweise ein wesentlicher Aspekt des V-Modells, so steht in dieser neuen Version das Produkt und nicht die Herstellung im Mittelpunkt. Es gibt keinerlei Vorschriften für die zeitliche Koordination der einzelnen Projektbausteine.

Obwohl die vier Submodelle im V-Modell XT nicht mehr existieren, werden drei der vier Bausteine immer noch in jedem Projekt genutzt. Diese drei (Projektmanagement, Qualitätssicherung, Konfigurationsmanagement) und das Problem- und Änderungsmanagement (PA) sind der so genannte V-Modell-Kern, da sie in jedem Projekt zu finden sind.

Auch im V-Modell XT gibt es die Aufteilung in Produkte und Aktivitäten. Die vier Zustände „geplant", „in Bearbeitung", „vorgelegt" und „akzeptiert" werden im V-Modell XT unverändert genutzt.

Ein Vorurteil gegenüber dem V-Modell ist, dass es zu umfangreich dokumentiert sei. Auf den ersten Blick mag dies auch stimmen, hat die offizielle Dokumentation doch über 620 Seiten. Beschäftigt man sich jedoch weiter mit der Materie, erfährt man, dass nur die ersten beiden Kapitel für jeden Projektmitarbeiter relevant sind. Diese Kapitel haben einen Umfang von ca. 60 Seiten, die anderen Kapitel sind nur für bestimmte Rollen relevant.

3.9 Rational Unified Process

Die Entwicklung von Software stellte alle Beteiligten in den letzten Jahren vor eine immer größer werdende Anzahl von Problemen, da Softwareprojekte meist durch eine überwältigende Komplexität gekennzeichnet sind. Daraus resultieren häufig Inkonsistenz, eine zerbrechliche Architektur und unkontrollierbare Auswirkungen bei Änderungen. Um diesen Problemen entgegenzutreten, gibt es verschiedene Softwareentwicklungsprozesse. Diese sollten alle Aktivitäten abdecken, die nötig sind, um die Anforderungen von Auftraggebern in ein Softwaresystem zu überführen.

3.9 Rational Unified Process

Der Rational Unified Process (RUP) ist ein solches Prozessmodell. Er wurde von Grady Booch, Ivar Jacobsen und James Rumbaugh entwickelt. Da diese drei auch größtenteils an der Entstehung der UML beteiligt waren, werden sie als „the tree amigos of Software Engineering" bezeichnet. Aufgrund der Erfinder ist bereits ersichtlich, dass der RUP ein passend zur UML spezifiziertes Prozessmodell ist.

Seit etwa 1998 werden der RUP und diverse Tools zu dessen Verwendung von der Firma Rational (2003 von IBM aufgekauft) entwickelt.

Der RUP ist ein Software-Entwicklungsprozess mit folgenden Eigenschaften:

- anpassbares und erweiterbares Grundgerüst
- die UML ist voll integriert
- werkzeugunterstützt
- beinhaltet die sechs best practises der Softwareentwicklung:
  - iterative Entwicklung
  - Anforderungsmanagement
  - Verwendung komponentenbasierter Architekturen
  - visuelle Modellierung
  - Überprüfung der Qualität
  - Kontrolle der Software-Änderungen.

Aus diesen Basiskonzepten leiten sich die grundlegenden Prinzipien des RUP ab (siehe auch [22]):

- frühes und kontinuierliches Angehen von Risiken
- Änderungen sind von Anfang an zu integrieren und managen. Aufgrund der Komplexität eines Softwareprojektes ist es nicht möglich, bereits zu Beginn alle Anforderungen zu definieren. Um die im Laufe der Zeit entstehenden Änderungen möglichst leicht integrieren zu können, werden die einzelnen Phasen in mehrere Iterationen unterteilt.
- Fokus auf eine lauffähige Software, nicht auf endlose Analyse und Design
- Skeletons
- komponentenbasierte Systemarchitektur: Hier werden vor allem so genannte Problemdomänen gebildet, um Anpassungen flexibel, kontinuierlich und effizient vollziehen zu können.
- Nutzen für den Kunden schaffen: Ständige Zusammenarbeit mit dem Kunden stellt sicher, dass das Design und die Implementierung des Systems auch in seinem Interesse erfolgt.
- Qualität: Prozess und Tools sorgen für permanente Messung und Test der Qualität.
- Teamarbeit, unterstützt durch Kommunikationstools.

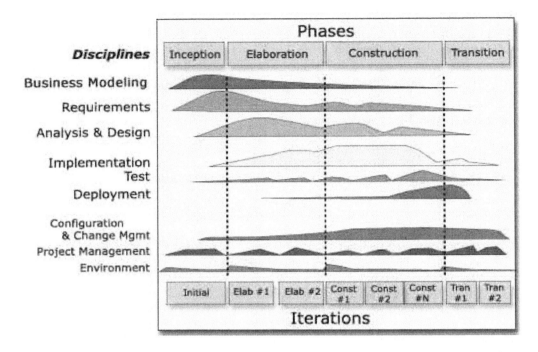

Abb. 3.7: Rational Unified Process (RUP) (siehe [22])

Der RUP teilt das Projekt in vier Phasen:

- Inception Phase (Projektsetup, Konzeptualisierung)
  – Spezifizierung des Systems
  – Spezifizierung der wesentlichen Geschäftsvorfälle
  – Definition des Umfangs des Projekts
  – Vorhersage von Kosten und Risiken
  – Setzen von Meilensteinen
- Elaboration Phase (Ausarbeitung, Entwurf)
  – Spezifizierung der Produkteigenschaften
  – Design der Architektur
  – Planung der nötigen Aktivitäten und Resourcen
- Construction Phase (Implementierung)
  – Erstellung des Produktes
  – Entwicklung der Architektur
- Transition Phase (Übertragung, Inbetriebnahme)
  – Freigabe des Systems
  – Qualitätsüberprüfung
  – Auslieferung, Schulung, Support, Wartung.

3.9 Rational Unified Process

Außerdem definiert der RUP Workflows für neun Kernaufgaben (Disciplines):

- Business Modeling (Geschäftsprozessmodellierung, Abläufe, Umfeld des Systems)
- Requirements (Anforderungsanalyse)
- Analysis & Design (Analyse & Design, Modellierung mit UML, Bestimmung der Systemarchitektur)
- Implementation (Implementierung)
- Test
- Deployment (Softwareverteilung, Auslieferung und Installation)
- Configuration & Change Management (Konfigurations- und Änderungsmanagement)
- Project Management (Projektmanagement, Steuerung des Entwicklungsprozesses)
- Environment (Umgebung, Bereitstellung aller benötigten Hilfsmittel).

Bei den Prozessbeschreibungen gibt es vier Unterteilungen:

- Worker: wer?
- Artefakte: was?
- Aktivitäten: wie?
- Workflows: wann?.

Die konsequente und komplette Nutzung des RUP macht erst bei größeren Teams (ab 20 Personen) Sinn. Es sind über 30 Rollen für über 130 Aktivitäten vorgesehen und es werden über 100 verschiedene Artefakttypen (Arbeitsergebnistypen) vorgeschlagen, die erzeugt, dokumentiert und verwaltet werden müssen.

Zu den zu erstellenden Artefakten gehören unter anderem folgende Dokumenttypen (siehe [22]):

- Vision (grober Überblick ohne Details): Stakeholder (Beteiligte, Benutzer), Problemdefinition, Produkteigenschaften, grobe Anforderungen, Risiken, Glossar
- Requirements Management Plan: Business Cases (Geschäftsprozesse), Use Cases (Anwendungsfälle, Verhalten des Produkts), Priorisierung der Use Cases, Dokumentation der Anforderungen
- SRS, Software Requirements Specification (Pflichtenheft): Anforderungen, Use Cases, Priorisierungen
- SDP, Software Development Plan (Projektplan): Organisation, Ressourcen, Aktivitäten, Monitoring, Meilensteine, Risikomanagement
- SAD, Software Architecture Document: Überblick zur Architektur des Systems
- Design Model: Komponenten, Schnittstellen, wichtige Klassen, Datenmodell
- Implementation Model: Packaging, Integration, Deployment
- CM, Configuration Management: Konfiguration, Versionskontrolle, Change Requests (CR)
- Test Model: Akzeptanzkriterien, Testfälle, Ausführung
- Deployment Plan: Umgebung, Hardware, Softwarekomponenten, Dokumentation, Wartung, Schulung.

3.10 XP

Extreme Programming, oder auch kurz XP, ist eine relativ junge Softwareentwicklungsmethode. Sie wurde in den Jahren 1995 bis 2000 bei Chrysler im Rahmen des „Chrysler Comprehension Compensation System" Projektes (C3 Projekt) federführend von Kent Beck, Ward Cunningham und Ron Jeffries entwickelt. Die primären Ziele von XP sind die effiziente Entwicklung qualitativ hochwertiger Software unter Einhaltung von Zeit- und Kostenbudgets, also eigentlich Ziele, die jeder Entwicklungsprozess verfolgt. XP ist eine agile, iterative und inkrementelle Softwareentwicklungsmethode, um diese Ziele zu erreichen. Zudem kann man XP als eine Sammlung bewährter Vorgehensweisen und Standards, die „Best Practices" genannt werden, ansehen. XP ist wie das Spiralmodell risikoorientiert, nutzt aber erweiterte Methoden, um die Entwicklungsrisiken zu minimieren. Während das Spiralmodell nur einen iterativen Ansatz verfolgt, bei dem die Kommunikation zwischen Auftraggeber und Auftragnehmer auf die Abnahmephase limitiert ist, ist bei XP eine kontinuierliche Kommunikation zwischen den beiden Parteien unabdingbar. Auch wird bei XP berücksichtigt, dass der Auftraggeber zu Beginn des Projektes noch nicht alle Anforderungen kennt und dass das Entwicklungsteam möglicherweise noch nicht über alle fachlichen und technischen Informationen verfügt, so dass die dort entworfenen Aufwandsschätzungen nicht als verlässlich angesehen werden. Durch sehr früh begonnene Modultests und nachfolgende Regressionstests wird die Funktionalität bereits bestehender Komponenten kontinuierlich validiert, so dass potentielle Probleme und Fehler relativ früh erkannt werden. Dies ist besonders wichtig, da XP davon ausgeht, dass das Beheben eines Fehlers umso teurer wird, je später er entdeckt wird. Des Weiteren sind durchgehende Testberichte sehr wichtig für das Projekt, da neben der direkten Quelltextdokumentation und den Testberichten keine weiteren Dokumentationen existieren.

XP setzt auch auf soziale Aspekte bei der Softwareentwicklung. Durch agile Vorgehensweisen, wie einen unlimitierten Zugriff auf den Quelltext durch alle am Projekt beteiligten Personen (Collective Code Ownership), durch die Einhaltung der 40-Stunden Woche und durch Pair-Programming wird die Verantwortung aller am Quelltext beteiligten Personen und eine gewisse Projektzugehörigkeit gefördert. Mittels Pair-Programming werden zusätzliche Risiken minimiert. Dadurch, dass die Gruppen ständig gewechselt werden, wird dem Entstehen von Wissensmonopolen entgegengewirkt. Jeder Entwickler erhält einen immer größeren Überblick über das Projekt und eignet sich somit auch mehr Fachkenntnis an. Durch das Vermeiden von Wissensmonopolen wird auch das Projekt unabhängiger von einzelnen Entwicklern. Zusätzlich werden alle Softwareentwickler als Developer/Entwickler betitelt, niemandem werden Spezialtechniken oder spezielle Aufgabenressorts zugewiesen, um auch auf diese Weise Wissensmonopole zu vermeiden.

Aus der Sicht des Kunden wird durch den iterativ inkrementellen Ansatz ein Großteil des Risikos eliminiert. Bedingt durch die kontinuierliche Kommunikation zwischen den beiden Parteien können Missverständnisse schnell aus dem Weg geräumt werden. Dadurch, dass am Ende jeder Phase funktionstüchtige Prototypen abgenommen werden, besitzt der Auftraggeber auch schnell nutzbare Software.

Unter XP werden allen Projektbeteiligten bestimmte Rollen zugewiesen. Nachfolgend werden alle Rollen erwähnt und erläutert:

- Product Owner
- Kunde
- Developer
- Projektmanager
- User.

Der Product Owner besitzt den größten Verantwortungsrahmen. Er ist die Person, die jederzeit ein Vetorecht besitzt und als höchste Instanz intern entscheiden kann. Der Kunde ist als externe Größe der Auftraggeber, der die Rahmenbedingungen vorgibt und sie gegebenenfalls auch ändert. Jede Person, die bei der Entwicklung des Produkts mitwirkt, gehört zur Kategorie Developer. Der Projektmanager ist mit der Führung des Teams betraut, ist oft auch gleichzeitig der Product Owner. Die User sind die Zielgruppe, für die ein Produkt entwickelt wird. Sie werden im Endeffekt die Software anwenden.

Durch die iterativ inkrementelle Vorgehensweise unterscheidet XP zwischen Releases und Iterationen. Iterationen sind interne Softwarestände, die standardmäßig wöchentlich aktualisiert werden. Releases gehen auch an den Kunden, sie werden oft in Monats- bis Quartalszyklen veröffentlicht. Ein Release ist somit streng genommen nur die Summe der Iterationen seit dem vorhergehenden Release. Diese Veränderungen können mittels XP sogar numerisch festgestellt werden und zwar durch Story Points. Jede Veränderung und jedes Feature wird in Story Points bemessen. Je höher die Punktzahl, desto aufwändiger ist die Implementierung. Story Points ergeben sich durch Story Cards, in denen die Abläufe des Programms dokumentiert sind. Da neben KISS (Keep it Small and Simple) auch YAGNI (You Ain't Gonna Need It!) im XP berücksichtigt wird, soll die Software so schlank wie möglich gehalten werden. Die Lesbarkeit des Quelltextes wird so erhöht und die Fehlerträchtigkeit erniedrigt. Nur die Basisfaktoren sowie Leistungs- und Qualitätsanforderungen sollen erfüllt werden. Begeisterungsfaktoren werden soweit möglich bei XP vermieden, da das Produkt auch ohne diese Features genutzt wird und sie somit nur als Preistreiber fungieren.

In täglichen, kurzen Stand-Up Meetings werden die aktuellen Entwicklungsstände der einzelnen Developer referiert. Der Projektmanager erhält so einen taggenauen Überblick über den Projektfortschritt und kann neue Aufgaben verteilen und die Paare neu gruppieren. Durch das Tauschen der Paare, auch innerhalb eines Arbeitstages (Pair Negotiations), wird das Kollektivdenken und der Wissensaustausch weiter gefördert. Kann eine User Story nicht während der laufenden Iteration fertig gestellt werden, so wird sie detaillierter in der nächsten Iterationsphase weiter entwickelt. Ziel von XP ist es, nur komplett getestete Software an den Kunden zu geben.

3.11 Aufgaben

Aufgabe 1

Geben Sie möglichst viele Vorteile und Nachteile (Kritikpunkte) des Wasserfallmodells an.

Aufgabe 2

Geben Sie möglichst viele Vorteile und Nachteile (Kritikpunkte) des RUP an.

Aufgabe 3

Geben Sie möglichst viele Vorteile und Nachteile (Kritikpunkte) von XP an.

Aufgabe 4

Welche Eigenschaften sollten Projekte haben, um mit den unterschiedlichen Vorgehensmodellen abgewickelt werden zu können?

4 Lösungen

4.1 Lösungen zu Kapitel 1

Aufgabe 1

(a) Bestandteile von Menschen

Komponenten:	Organe, Haare, Haut, Fingernägel, Augen, Adern, Blut, Gedanken, Gefühle, Wissen, ...
Beziehungen:	viele komplexe Beziehungen, etwa Herz lässt das Blut fließen, das Augenlid schützt das Auge, die Haut schützt den Rest vor Austrocknung, ...
Systemgrenze:	die Oberfläche, also Haut, Haare, Nägel
Input:	Nahrung, Wissen, Laute, Geräusche, Kleidung, Ohrringe, Tätowierungen, Infusionen, Bakterien, Viren, Luft, ...
Output:	Töne, Geräusche, Laute, Gefühle, Bakterien, Viren, Ausscheidungen, Spucke, Schweiß, ...

(b) Bestandteile von Immunsystemen

Komponenten:	komplexes Netzwerk aus Organen, Zelltypen und chemischen Molekülen, etwa Haut, Schleimhäute, Atemwege, Mund, Magen, Darm, Harnwege, Granulozyten, Makrophagen, Killerzellen, T-Lymphozyten, Helferzellen, Antikörper, ...
Beziehungen:	sehr komplexe Zusammenhänge mit dem Ziel, Krankheitserreger abzuwehren, Neutralisation körperfremder Substanzen und Zerstörung von Zellen, die als fehlerhaft erkannt werden, etwa Produktionen von Antikörpern.
Systemgrenze:	alle Oberflächen und natürliche Grenzen
Input:	Erreger, Nährstoffe, Vitamine, Spurenelemente
Output:	zerstörte Eindringlinge, Abfallprodukte

(c) Bestandteile des Blutkreislaufs

    Komponenten: Blut, Herz, Adern

    Beziehungen: komplexe Beziehungen, etwa das Blut fließt in den Adern, das Herz ist mit den Adern verbunden und pumpt das Blut durch die Adern, ...

    Systemgrenze: Oberfläche von Herz und Adern

    Input: Sauerstoff, Fette, Eiweiße, Zucker, Hormone, ...

    Output: Blut, Kohlendioxid, Stoffwechsel- und Abfallprodukte, ...

(d) Bestandteile von Ökosystemen

    Komponenten: sämtliche Lebewesen und ihr Lebensraum

    Beziehungen: alle Beziehungen zwischen den oben genannten Komponenten, etwa der Fisch schwimmt im Fluss, der Baum wächst in der Erde, der Mensch trinkt Wasser ...

    Systemgrenze: natürliche Grenzen zu Nachbarsystemen

    Input: Substanz- und Energieaustausch mit benachbarten Systemen, etwa Wasser, Wärme, verschiedene chemische Elemente, ...

    Output: Substanz- und Energieaustausch mit benachbarten Systemen, etwa Wasser, Wärme, verschiedene chemische Elemente, ...

(e) Bestandteile von Gesundheitssystemen

    Komponenten: alle Personen, Organisationen, Einrichtungen, Regelungen und Prozesse zur Erhaltung der Gesundheit und zur Vorbeugung und Behandlung von Krankheiten und Verletzungen, etwa Krankenkassen, Krankenhäuser, Arztpraxen, Rezepte, Impfungen, ...

    Beziehungen: alle Beziehungen zwischen den oben genannten Komponenten, etwa der Arzt behandelt Kranke, eine Apotheke verkauft Medikamente, ein Verletzter kommt ins Krankenhaus...

    Systemgrenze: meist Ländergrenzen oder ähnliche Abgrenzungen zu Nachbarsystemen

    Input: neue Personen, Organisationen, Einrichtungen, Regelungen und Prozesse, neue Behandlungsmethoden, neue Medikamente, ...

    Output: abgelaufene Medikamente, veraltete Verfahren, Ärzte und Apotheker nach ihrem Arbeitsleben, ...

4.1 Lösungen zu Kapitel 1

(f) Bestandteile von Rentensystemen

- Komponenten: alle Personen, Organisationen, Einrichtungen, Regelungen und Prozesse zur Erhaltung der Versorgung der Versicherten in der Zeit nach ihrem Arbeitsleben, etwa Rentenkassen, Rentner, Arbeitende, Versicherungen, ...

- Beziehungen: alle Beziehungen zwischen den oben genannten Komponenten, etwa der Arbeitende bezahlt seine Prämien, der Rentner erhält seine Rente ausbezahlt, die Versicherungsanstalt garantiert eine Mindestrente, ...

- Systemgrenze: meist Ländergrenzen oder ähnliche Abgrenzungen zu Nachbarsystemen

- Input: neue Personen, Organisationen, Modelle, Verfahren, Versicherte, Versicherungen, Gesetze...

- Output: alte Verfahren, alte Beiträge, Verstorbene, gekündigte Verträge, Versicherungen, die keine Renten mehr anbieten, ...

(g) Bestandteile von Bildungssystemen

- Komponenten: alle Personen, Organisationen, Einrichtungen, Regelungen und Prozesse zur Erlangung von Zutrittschancen für Beruf und Karriere, etwa Schulen, Universitäten, Berufsakademien, Schüler, Lehrer, Eltern, Fächer, Klassen, Prüfungen, Abschlüsse, ...

- Beziehungen: alle Beziehungen zwischen den oben genannten Komponenten, etwa der Lehrer unterrichtet die Schüler, ein Abiturient hat Zutritt zur Universität, ein Diplomand kann eine Promotion ablegen, ...

- Systemgrenze: meist Ländergrenzen oder ähnliche Abgrenzungen zu Nachbarsystemen

- Input: neue Modelle (G8), neue Lehrer, neue Schüler, neue Lernmethoden, neue Studienfächer, neue Abschlüsse (Bachelor und Master statt Diplom), ...

- Output: pensionierte Lehrer und Professoren, veraltete Lehrmethoden, Schüler mit Abschluss beim Eintritt ins Berufsleben, abgerissene Schulen, ...

(h) Bestandteile eines Computersystems

- Komponenten: Recheneinheit, Steuerungseinheit, Bussystem, Speichereinheit, Maus, Tastatur, Bildschirm

Beziehungen:	alle Beziehungen zwischen den oben genannten Komponenten, etwa die Recheneinheit verarbeitet Eingabedaten, die Speichereinheit speichert Daten, der Bildschirm zeigt Daten an, ...
Systemgrenze:	Außenhülle von PC, Maus, Bildschirm und Tastatur
Input:	Daten, neue Software, Ersatz- oder zusätzliche Komponenten, ...
Output:	defekte Teile, Daten auf beweglichen Speichermedien, Wärme, ...

(i) Bestandteile eines Informationssystems

Komponenten:	PC, Bildschirme, Großcomputer, Netzwerke, ...
Beziehungen:	alle Beziehungen zwischen den oben genannten Komponenten, etwa das Netzwerk überträgt Daten an entfernte Stellen, der Großcomputer speichert Massendaten, ...
Systemgrenze:	alle Abgrenzungen nach außen das Aufgabengebiet betreffend, verbundene andere Netzwerke, ...
Input:	Daten, neue Software, Ersatz- oder zusätzliche Komponenten, ...
Output:	defekte Teile, Daten auf beweglichen Speichermedien, Wärme, Daten in andere Systeme, ...

(j) Bestandteile eines Notensystems in der Musik

Komponenten:	Notensymbole, Notenlinien, Pausenzeichen, Taktarten, Vorzeichen, Notenschlüssel, ...
Beziehungen:	alle Beziehungen zwischen den oben genannten Komponenten, etwa die Notensymbole befinden sich im Bereich der Notenlinien, in einem Takt dürfen nur bestimmte Anzahlen von Noten und Pausen sein, ...
Systemgrenze:	alle Abgrenzungen nach außen die Symbolik betreffend
Input:	keine, höchstens neue Symbole
Output:	keine, höchstens Ablösung alter Symbole.

4.1 Lösungen zu Kapitel 1

Aufgabe 2

(a) natürliche Systeme:	Sonnensystem, Bachlauf, Wetter, Blutkreislauf, Wasserkreislauf
(b) künstliche Systeme:	Staudamm, Gesundheitssystem, Rentensystem, Schulsystem, Computersystem
(c) reale Systeme:	Fahrzeuge, Computer, Mensch, Maschinen, Gebäude, Rechtssysteme, Staatsysteme
(d) ideelle Systeme:	Binärsystem, Periodensystem der Elemente, Notensystem, Morsealphabet
(e) geschl. Systeme:	Wasserkreislauf, natürliche Zahlen, ganze Zahlen
(f) offene Systeme:	Mensch, Blutkreislauf, Computersystem, Verkehrsystem
(g) konkrete Systeme:	Fahrzeuge, Computer, Mensch, Maschinen, Gebäude
(h) abstrakte Systeme:	Ideen, Gedankensysteme, Pläne
(i) statische Systeme:	alle Zahlensysteme, Notensystem, Binärsystem
(j) dynamische Systeme:	Mensch, Rentensystem, Computersystem
(k) determ. Systeme:	Fahrkartenautomat in intaktem Zustand, Notensystem, Zahlensysteme
(l) stoch. Systeme:	Mensch, Maschinen, Computer, Ausfälle bei Fahrkartenautomaten auf lange Sicht.

Aufgabe 3

(a) Landkarte:
Der Zweck der Modellierung ist die Veranschaulichung eines Gebiets mittels einer zweidimensionalen Projektion. Wichtige Bestandteile sind durch Symbole markiert. Alles ist stark verkleinert. Modelliert werden Städte, Flüsse und Verbindungen (Straßen, Wege, Bahnlinien). So können insbesondere Entfernungen bestimmt werden. Außerdem können Wege von A nach B ermittelt werden. Vernachlässigt werden Einzelheiten wie Städteaufbau, Straßenbreite, Geländeformationen, Oberflächen der Gebiete und exakte Farben.

(b) Modelleisenbahn:
Der Zweck der Modellierung ist das Spielen mir echt aussehenden Objekten. Es ist ein drei-dimensionales, stark verkleinertes Abbild eines Verkehrssystems. Vernachlässigt werden alle Innenleben, es gibt fast keine mechanischen Bauteile, das Gelände wird nur oberflächlich modelliert. Außerdem sind viele Modellelemente statisch.

(c) Bohr'sches Atommodell:
Erklärungsmodell für den Aufbau eines sehr kleinen Systems; es enthält viele Postulate und Hypothesen physikalischer Natur.

(d) Skelettmodell:
Der Zweck der Modellierung ist der Nachbau der Stabilitätsbestandteile, der Knochen des Menschen. Es wird nur der Aufbau des Systems und Form und Größe der einzelnen Knochen dargestellt. Alle anderen Körperteile wie Organe, Haare, Haut, Sehnen, Bänder, Augen, Ohren usw. fehlen.

(e) Modell einer Benutzeroberfläche:
Modelliert werden nur die GUI und alle Oberflächenelemente. Es soll nur der Aufbau und der Fluss gezeigt werden, also der Klickdatenstrom (für die Softwareergonomie). Vernachlässigt werden alle Prozesse, alle Zugriffe auf externe Systeme und die Datenbankzugriffe. Häufig ist das Modell nur auf dem Papier vorhanden oder nicht in der eigentlichen Programmiersprache erstellt. Deshalb sind Modelle von Benutzeroberflächen häufig Wegwerfprodukte.

Aufgabe 4

(a) Beschreibungsmodelle: Handbücher, Organigramme, Prozessbeschreibungen

(b) ikonische Modelle: Oberflächenelemente in GUIs, Verkehrsschilder, Plakate, Landkarte

(c) symbolische Modelle: Phänomene in der Physik durch Formeln dargestellt, Umsatzfunktionen in der BWL, chemische Zusammenhänge

(d) gegenständliche Modelle: Modelle von Gebäuden oder ganzen Formationen, Modelle von Maschinen (Prototypen), Skelettmodell eines Menschen, Modelleisenbahn

(e) analoge Modelle: Morsealphabet, Datenmodelle, Modelle mit Kodierung (Verschlüsselung), Geheimbotschaften

(f) mentale Modelle: Modelle von geometrischen Figuren, Modelle von Stühlen, Tischen, Autos in Form von Metamodellen

(g) Erklärungsmodelle: Verhalten von Menschen, Modelle vom Wetter, Ausfalluntersuchungen von Netzwerken

(h) Optimierungsmodelle: Rentenmodelle, Gesundheitsreform, Trainingspläne, Diäten zur Gewichtsreduktion

(i) Prognosemodelle: Modelle zum Klimawandel, Modelle zur Simulation von Aktienkursen, Zeitreihen, Modelle zum Bevölkerungswachstum.

Aufgabe 5

- Aufbau $\Rightarrow$ statische und strukturelle Aspekte
- Leistungsumfang $\Rightarrow$ funktionale Aspekte
- Verhalten beim Ablauf $\Rightarrow$ dynamische Aspekte.

Aufgabe 6

- für den Entwickler:
  - Kommunikationsmittel
  - Wiederverwendbarkeit
  - Qualitätsmanagement (Sicherung und Kontrolle)
  - Dokumentation
  - Dokumentation der Übergänge der Teilsysteme (Schnittstellenmanagement)
- für den Anwender:
  - Kommunikationsmittel
  - Standardisierung
  - Abläufe, Aufgaben und Schulung
- für das Management:
  - Kommunikationsmittel
  - Projektplanung und Aufwandsschätzung
  - Grundlage für Investitionsentscheidungen
  - Darstellung der Geschäftsprozesse.

Aufgabe 7

Bei der Analyse: **Was** soll das System tun bzw. leisten?

Beim Entwurf: **Wie** sollen die Leistungen erfüllt werden?

4.2 Lösungen zu Kapitel 2

Aufgabe 1

Vorteile:
- persönlicher Kontakt zwischen Interviewer und Befragtem
- hohe Effektivität
- flexibel, Nachfragen möglich, auf Antworten kann reagiert werden
- Unklarheiten oder Missverständnisse können sofort geklärt werden
- Vorbereitungszeit geringer als bei den anderen Methoden
- negative Einstellung der Belegschaft abbaubar
- alle Beteiligten sind integriert, die Beteiligung vermittelt dem Befragten eine Wertschätzung

- Abläufe/ Prozesse können erfragt werden
- Datenflüsse können erfragt werden
- qualitative Inhalte können gut erfasst werden
- Abgrenzung wichtiger und unwichtiger Sachverhalte ist möglich
- Befürworter und Gegner sind erkennbar
- Aussagen über zukünftige Entwicklung oder Vorstellung erfragbar
- breites Antwortspektrum möglich
- viele Sichtweisen können berücksichtigt werden
- Information kann variabel und detailliert gewonnen werden

Nachteile:
- Betriebsablauf wird gestört
- geringe Effizienz
- Antworten erfolgen nur aus dem Gedächtnis der Befragten
- dienstliche Belange und Termine können behindern
- man muss damit rechnen, nicht immer objektive Antworten zu erhalten, besonders bei Mengengerüsten und Bearbeitungszeiten
- Dokumentation während des Interviews
- Absprachen möglich
- fehlende „Kompetenz" der Befragten muss berücksichtigt werden
- Interviewer muss fachkompetent bzw. qualifiziert sein
- hoher Zeit- und Arbeitsaufwand
- kostenintensiv
- Befragte sind nicht anonym
- Ergebnisse unterliegen einer Vorinterpretation des Analysten

Aufgabe 2

Vorteile:
- schnelle und gleichzeitige Aufnahmemethode, Parallelisierung der Aufnahme
- hohe Effizienz
- meist kostengünstig
- Anonymität der Befragten sichert häufig eine objektive Beantwortung
- Gegner und Befürworter zumeist vom Status erkennbar
- Befragter hat Zeit zum Überlegen
- Güte besser überprüfbar durch Kontrollfragen
- alle Beteiligten sind integriert
- Abläufe/ Prozesse und Organisationsstrukturen sind erfragbar
- Analytiker hat beim Ausfüllen freie Zeit
- keine zusätzliche Dokumentation erforderlich
- DV-unterstützte Auswertung möglich

Nachteile:
- Vorbereitungszeit meist groß
- eingeschränkte Effektivität, da geringer Rücklauf möglich
- Unklarheiten, Missverständnisse oder etwaige falsche Interpretationen seitens des Befragten können während der Durchführung nicht mehr geklärt werden.
- kein Nachfragen möglich, keine Reaktion auf Antworten möglich
- Betriebsablauf wird gestört
- nicht objektive Antworten möglich
- Qualität stark vom Ausfüller abhängig
- Absprachen möglich, Manipulationsgefahr, da Systemanalyst beim Beantworten meist nicht anwesend
- Fragen nach Mengen und Zeiten sollten kritisch bewertet werden
- fehlende „Kompetenz" der Befragten muss berücksichtigt werden

Aufgabe 3

Vorteile:
- genaue Beschreibung der Abläufe möglich
- Beteiligte liefern wichtige Ergebnisse aus ihrer eigenen Sicht
- keine Vorbereitung für Analysten
- Gegner und Befürworter erkennbar
- Prozesse und Abläufe gut erklärbar
- Beteiligte können Wünsche und Vorschläge anbringen
- unabhängig von Konventionen
- individuelle Beantwortung ist möglich

Nachteile:
- kein Nachfragen
- Auswertung anspruchsvoll
- Vollständigkeit meist nicht gegeben
- Betriebsablauf wird gestört
- qualifizierte Mitarbeiter nötig
- für den Befragten meist zeitaufwändig
- Auswertung ist aufwändig
- Beantwortung stark personenabhängig
- Antworten schwer zu steuern und unter Umständen nicht objektiv
- Mengen und Zeitangaben kritisch, da nicht immer objektiv

Aufgabe 4

Vorteile:
- objektive Einsicht in den Prozess
- hohe Effektivität

- Verzicht auf verbale Beschreibung von Prozessen
- Betriebsablauf kaum gestört
- Mengen- und Zeitangaben gut erkennbar
- geringe Vorbereitungszeit
- Störungen erkennbar

Nachteile:
- Aufwand für Beobachter
- geringe Effizienz
- Dokumentation schwierig und aufwändig
- großer zeitlicher Aufwand hinterher (Protokoll und Auswertung)
- Mitarbeiter fühlen sich eventuell gestört
- Ergebnisse abhängig vom Grad der Beeinflussung durch die Beobachtung
- eventuell negative Einstellung und Ängste der Belegschaft nicht abbaubar
- Datenflüsse nicht erkennbar

Aufgabe 5

Vorteile:
- hohe Effizienz
- Daten und Mengengerüste können gut aufgenommen werden
- keine „Ängste", da Mitarbeiter nicht beteiligt
- Auswertung der Dokumente unabhängig von den Mitarbeitern
- Zeitersparnis, falls die Dokumente vorhanden und qualitativ gut sind
- Dokumente können weiter verwendet werden
- Betriebsablauf wird nicht gestört
- Mengengerüste der Daten vorhanden

Nachteile:
- keine Beteiligung der Mitarbeiter
- Gegner und Befürworter nicht erkennbar
- Dokumente können veraltet sein
- unter Umständen starke Selektionen notwendig
- relevante Dokumente müssen herausgefiltert werden
- Qualität der Ergebnisse stark von der Güte der Dokumente abhängig (Inhalt, Aktualität, Vollständigkeit, etc)
- Qualität häufig nicht vom Analysten bewertbar
- tatsächliche Sachverhalte können von den dokumentierten Sachverhalten u.U. massiv abweichen
- kein Nachfragen
- eventuell negative Einstellung der Belegschaft nicht abbaubar (falsche Beteiligung)
- Meinung der produktiven Mitarbeiter fehlt meistens
- Datenflüsse und Prozesse schwer darstellbar
- neue Anforderungen sind nicht in den Dokumenten enthalten

Aufgabe 6

(a) Um einen Strukturplan aufzustellen, wird eine Vorgangsliste angefertigt:

Tätig-keit	Beschreibung	Dauer in Tagen	Vorgänger
A	Projektstart	3	-
B	Systemplanung	25	A
C	Pflichtenhefterstellung	5	B
D	Angebote einholen	20	C
E	Systementwicklung	40	D
F	Testplanung	3	D
G	Schulungen planen	2	E
H	Testdurchführung	3	F
I	Schulungen durchführen	2	G
J	Systemeinführung	2	D, H, I
K	Projektende	2	J

Strukturplan:

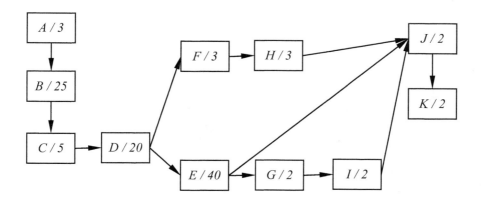

(b) – (e)

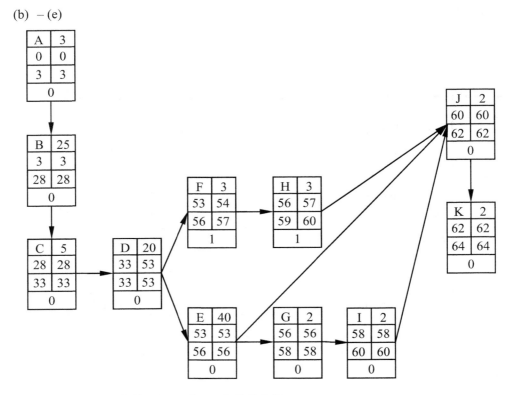

(f) Der kritische Pfad ist A, B, C, D, E, G, I, J, K.

Aufgabe 7

(a) Strukturplan:

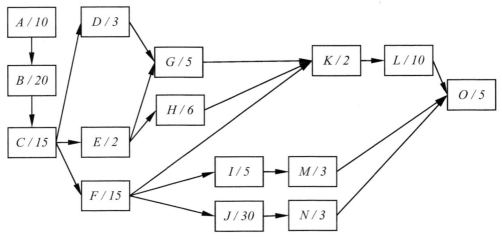

(c) – (e)

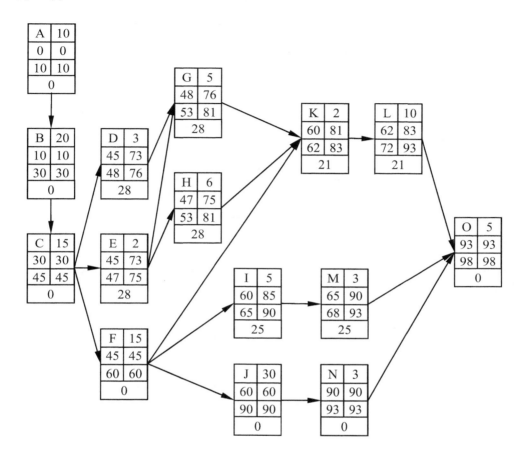

(f) Der kritische Pfad ist A, B, C, F, J, N, O.

Aufgabe 8

Datenkatalog für das Formular der Firma VeriSign
Aus Platzgründen ist der Datenkatalog für jedes Feld des Belegs in folgender Form aufgeschrieben:

Feldname	Feldart	Datentyp, Maske	Feldlänge	Auswahlmöglichkeiten
vorausgefüllt	Pflichtfeld	Prüfungen	Beziehung zu	Bemerkungen

Anrede	Auswahl	Zeichenkette	4	Herr Frau
nein	ja	nein	zu Vorname	bildet Teil der Adresse

Vorname	Eingabe	Zeichenkette	20	-
nein	ja	ob gültig	zu Anrede und Name	bildet Teil der Adresse

Name	Eingabe	Zeichenkette	30	-
nein	ja	nein	Vorname	bildet Teil der Adresse

Firma	Eingabe	Zeichenkette	30	-
nein	nein	nein	nein	bildet Teil der Adresse

Strasse und Hausnummer	Eingabe	Zeichenkette	30	-
nein	ja	ob gültig	nein	bildet Teil der Adresse

PLZ	Eingabe	Ziffern	5	-
nein	ja	auf 5 Stellen plausibel gegen Ort	zu Ort	bildet Teil der Adresse

Ort	Eingabe	Zeichenkette	30	-
nein	ja	plausibel gegen PLZ	zu PLZ	bildet Teil der Adresse

E-Mail	Eingabe	Zeichenkette	30	-
nein	ja	ob @ beinhaltet	keine	Anhängsel an Adresse

4.2 Lösungen zu Kapitel 2

Telefonnummer	Eingabe	Ziffern	14	-
nein	ja	auf Ziffern	keine	Anhängsel an Adresse

T-Shirt-Größe	Auswahl	-	2	L oder XL
nein	ja	keine	keine	keine

Button Anmelden	Button	-	-	-
nein	ja	keine	keine	startet Bestellung

Aufgabe 9

Datenkatalog für die Anmeldung zum Schwarzwaldmarathon
Aus Platzgründen ist der Datenkatalog für jedes Feld des Belegs in folgender Form aufgeschrieben:

Feldname	Feldart	Datentyp, Maske	Feldlänge	Auswahlmöglichkeiten
vorausgefüllt	Pflichtfeld	Prüfungen	Beziehung zu	Bemerkungen

Es wird nur ein Teil der Felder betrachtet.

Nachname	Eingabe	Zeichenkette	20	-
nein	ja	ob gültig	zu Anrede und Name	bildet Teil der Adresse

Land	Auswahl	Zeichenkette	40	ca. 100 verschiedene Länder
ja Deutschland	ja	keine	keine	keine

Geburtstag	Auswahl	Ziffern	8	3 Teile für Tag (1-31), Monat (1-12) und Jahr (1910-2000)
ja mit 1.1.2000	ja	plausibel	keine	Anhängsel an Adresse

Zahlungsart	Auswahl	Zeichenkette	50	Lastschrift Überweisung
nein	ja	gegen Bankverbindung, falls Lastschrift ausgewählt	zu Bankverbindung	

Bankleitzahl	Eingabe	Zeichenkette	8	-
nein	nein ja, falls Lastschrift	ob gültig gegen Bankname	zu Bankname und Kontonummer	BLZ und Kontonummer müssen beide ausgefüllt sein

Aufgabe 10

(a) Entscheidungstabelle:

Bedingungsbeschreibung	Bedingungsanzeiger							
Überschreitung kleiner 1.000€	J	J	J	J	N	N	N	N
Zahlungsverhalten in der Vergangenheit vorbildlich	J	J	N	N	J	J	N	N
Kreditrahmen überschritten	J	N	J	N	J	N	J	N
Aktionsbeschreibung	**Aktionsanzeiger**							
Scheck auszahlen	X	X		X	X			
Scheck nicht auszahlen			X				X	
bessere Kreditlinie anbieten						X		
unmöglich							X	X

(b) Entscheidungsbaum:

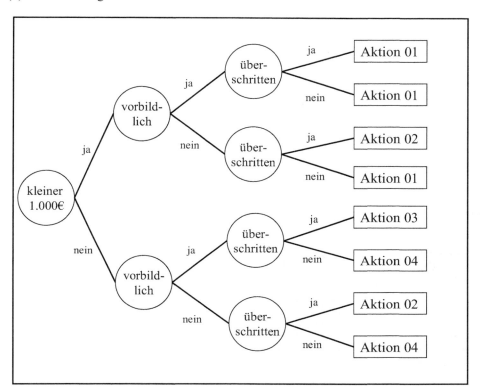

Im Entscheidungsbaum gilt:
Aktion 01: Scheck auszahlen
Aktion 02: Scheck nicht auszahlen
Aktion 03: Scheck auszahlen und bessere Kreditlinie anbieten
Aktion 04: unmöglich.

(c) Pseudocode:

```
IF Überschreitung kleiner 1.000€
   IF Zahlungsverhalten in der Vergangenheit vorbildlich
      DO Scheck auszahlen
   ELSE
      IF Kreditrahmen überschritten
         DO Scheck nicht auszahlen
      ELSE Scheck auszahlen
      ENDIF
   ENDIF
ELSE
```

```
IF Zahlungsverhalten in der Vergangenheit vorbildlich
   IF Kreditrahmen überschritten
      DO Scheck auszahlen und bessere Kreditlinie anbieten
   ELSE unmöglich
   ENDIF
ELSE
   IF Kreditrahmen überschritten
      DO Scheck nicht auszahlen
   ELSE unmöglich
   ENDIF
ENDIF
```

Aufgabe 11

(a) Entscheidungstabelle:

Bedingungsbeschreibung	Bedingungsanzeiger							
Artikel vorrätig	J	J	J	J	N	N	N	N
Zahlungsverhalten in Ordnung	J	J	N	N	J	J	N	N
Selbstabholer	J	N	J	N	J	N	J	N
Aktionsbeschreibung	**Aktionsanzeiger**							
telefonisch benachrichtigen	X		X					
per Rechnung ausliefern		X						
per Nachnahme ausliefern				X				
Artikel bestellen					X	X	X	X
telefonisch informieren					X	X	X	
schriftlich informieren								X

4.2 Lösungen zu Kapitel 2

(b) Entscheidungsbaum:

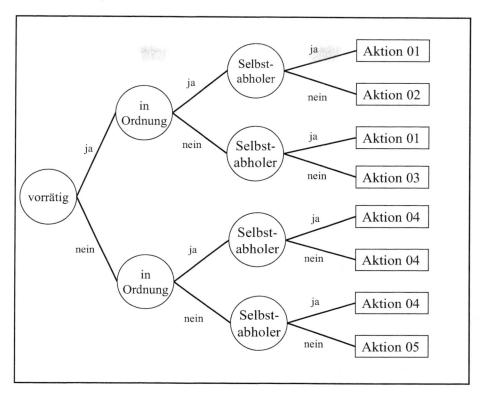

Im Entscheidungsbaum gilt:
Aktion 01: telefonisch benachrichtigen
Aktion 02: per Rechnung ausliefern
Aktion 03: per Nachnahme ausliefern
Aktion 04: Artikel bestellen und telefonisch informieren
Aktion 05: Artikel bestellen und schriftlich informieren.

(c) Pseudocode:

```
IF Artikel vorrätig
   IF Zahlungsverhalten in Ordnung
      IF Selbstabholer
         DO telefonisch benachrichtigen
      ELSE per Rechnung ausliefern
      ENDIF
   ELSE
      IF Selbstabholer
         DO telefonisch benachrichtigen
```

```
      ELSE per Nachnahme ausliefern
      ENDIF
    ENDIF
ELSE
    IF Zahlungsverhalten in Ordnung
      DO Artikel bestellen und telefonisch informieren
    ELSE
      IF Selbstabholer
         DO Artikel bestellen und telefonisch informieren
      ELSE Artikel bestellen und schriftlich informieren
      ENDIF
    ENDIF
ENDIF
```

Aufgabe 12

Projektauftrag vom 01.02.2007

Titel des Projekts	Vollautomatisches Formulardatenerfassungssystem	
Kürzel	VF2007	
Auftraggeber		**Projektleiter/Vertretung**
Fa. Klick und Klack Hans Frisch, Geschäftsführer		Gerhard Heinerl
Zielsetzung		
• Nahezu voll-automatisches System zur Datenerfassung von ca. 60 verschiedenen Formularen pro Jahr • Abarbeitung von bis zu 10.000 Belegen pro Tag bis 12.00 Uhr mittags • Nutzung in den restlichen 8 Monaten soll gewährleistet sein		
Aufgabenstellung		
• Durchführung der Istanalyse • Erstellung eine Pflichtenhefts		
Abgrenzung zu anderen Systemen		
Es soll nur der Prozess der Erfassung betrachtet werden, die vorbereitende Poststelle wird (noch) nicht in den neuen Geschäftsprozess integriert.		

4.2 Lösungen zu Kapitel 2

Risikofaktoren
• Technologische Probleme, unter Umständen Neuentwicklung • Wunsch: Mitspracherecht der Projektleitung bei der Auswahl der Projektmitarbeiter • Wunsch: Verwaltung des freigegebenen Budgets durch die Projektleitung.
Handlungsanweisungen
Betriebsrat muss eingebunden sein
Angaben zu Kosten und Dauer
Es steht ein Budget von 100.000€ für das Projekt bis zur Erstellung des Pflichtenhefts zur Verfügung. Das neue System darf einen Kostenrahmen von 2.500.000€ bis zur Einführung nicht überschreiten.
Angaben zu wichtigen Beteiligten in funktionaler Form
• Datenbankdesigner / Programmierer • Analyst • Hardwarespezialist / Maschinenspezialist • User des Altsystems • Betriebswirt
Termine und Meilensteine
Projektstart   01.02.2007 Präsentation Istanalyse   01.06.2007 Präsentation Sollkonzept und Pflichtenheft   01.09.2007

Unterschrift Auftraggeber	Unterschrift Projektleiter
03.02.2007, Hans Frisch	03.02.2007, Gerhard Heinerl

Aufgabe 13

- Poststelle
- Erfassungsabteilung
- IT-Abteilung
- Marketing
- Personalabteilung
- Geschäftsleitung
- Archivierung

Aufgaben 14 und 15

Poststelle (Interviewmethode, Fragebogenmethode, Beobachtungsmethode):

- Arten und Modalitäten der Zulieferung
- Zeitpunkte der Zulieferung
- Zustand der Formulare
- etwaiges Verändern der Belege (Zuschneiden, Aufkleben)

Erfassungsabteilung (Interviewmethode, Fragebogenmethode, Beobachtungsmethode):

- Angaben zum Erfassungsprozess (Wie erfolgt die Eingabe?)
- Welche Felder werden erfasst? Sind es immer die gleichen Felder?
- Angaben zur Lesbarkeit der ausgefüllten Felder
- Aussagen über Qualität der Eingabe (von der Leitung!)
- Aussagen über Mengengerüste

IT-Abteilungung (Interviewmethode):

- An welchen Stellen wird IT eingesetzt?
- Welche Aufgaben fallen dann an?

Marketing (Interviewmethode):

- Angaben über das Layout der Formulare
- Angaben über die Anzahl der verschiedenen Formulare
- Angaben zur Anzahl der verschickten Werbesendungen pro Woche und Angabe der geschätzten Rückläufer, möglichst mit geschätzter Verteilung nach Wochentagen

Personalabteilung (Interviewmethode):

- Angaben zu den eingesetzten Mitarbeitern. Mit welcher Vorlaufzeit müssen die Mitarbeiter angefordert werden?
- Angaben zu Kosten

Geschäftsleitung (Interviewmethode):

- Angaben zur Anzahl der verschickten Werbesendungen pro Woche
- Angaben zu Kosten und Strategien für die Wirtschaftlichkeitsberechnung

Archivierung (Interviewmethode, Berichtsmethode):

- Wie und in welcher Form werden die Formulare archiviert?

4.2 Lösungen zu Kapitel 2

Aufgabe 16

Frage 1:
Wie werden die Belege weitergegeben? An wen erfolgt die Übergabe?
Antwort:
Die Belege werden ausgepackt und nach den einzelnen Formulartypen sortiert. Die Übergabe erfolgt in Stapeln an die Leiterin der Erfassung.

Frage 2:
Wie viele unterschiedliche Belege gibt es?
Antwort:
Pro Werbephase gibt es zwischen 10 und 15 verschiedene Formulare.

Frage 3:
Werden die Formulare wahllos ausgepackt und wann erfolgt die Sortierung?
Antwort:
Die Formulare werden nicht wahllos ausgepackt. Dadurch, dass die Formulare an den unterschiedlichen Rückumschlägen erkannt werden, werden die Formulartypen nacheinander ausgepackt. Die Reihenfolge ist jeden Tag die gleiche: Zuerst Typ 01, dann Typ 02 usw. Die Sortierung nach Formulartypen entfällt somit. Die Formulare werden aber alle in der gleichen Ausrichtung sortiert.

Frage 4:
Wann werden die Formulare weitergegeben?
Antwort:
Immer wenn mindestens 3 Stapel zu jeweils 50 Formularen sortiert sind, werden die Stapel weitergeben.

Frage 5:
Das kann aber nur funktionieren, falls die Eingangspost komplett eingetroffen ist, bevor mit dem Auspacken begonnen wird.
Antwort:
Die Eingangspost wird immer vor 8 Uhr angeliefert, danach wird erst mit dem Auspacken begonnen. Die ersten Stapel werden dann gegen 8.15 Uhr geliefert.

Frage 6:
Können alle Briefe am Eingangstag ausgepackt werden?
Antwort:
Ja, das Postaufkommen war noch nie so groß, dass es zeitlich nicht möglich war, alle Formulare auszupacken.

Frage 7:
Wie ist der Zustand der ausgepackten Formulare?

Antwort:
Nur ein kleiner Bruchteil der Formulare ist beschädigt oder so stark verschmutzt, dass sie unbrauchbar sind.

Frage 8:
Was passiert mit diesen Formularen?
Antwort:
Diese Belege werden in den Kundendienst gebracht. Dort wird versucht, auch diese Belege zu erfassen.

Frage 9:
Werden unleserlich ausgefüllte Belege aussortiert? Wenn ja, was geschieht mit diesen?
Antwort:
Ja, diese Belege werden aussortiert, um die Aushilfen von dieser Tätigkeit zu entlasten. Auch diese Belege werden in den Kundendienst gebracht. Dort wird versucht, auch diese Belege zu erfassen.

Frage 10:
Werden Belege verändert?
Antwort:
Ja, auf jeden Beleg wird ein Barcode geklebt. Dieser dient zur Erkennung bei der Archivierung.

Aufgabe 17

Prozessbeschreibung der Abläufe in der Poststelle in Berichtsform:
Die Eingangspost wird um 8 Uhr von einem externen Postzusteller angeliefert. Die unterschiedlichen Formulare können an verschiedenen Rückumschlägen erkannt werden. Aus diesem Grund liefert der Zusteller die Post schon sortiert an. Anschließend werden die Briefe in einer vorher festgelegten Reihenfolge von den Mitarbeitern der Poststelle ausgepackt, wobei immer ein Formulartyp komplett ausgepackt wird. Die Formulare werden in Stapeln zu je 50 Stück gepackt und dabei gleich ausgerichtet, so dass die Erfassungskräfte die Belege nicht drehen müssen. Sind mindestens 3 Stapel erzeugt, werden diese an die Erfassungsstelle ausgeliefert. Die Formulare werden immer vollständig am Eingangstag ausgepackt. Der Fall, dass die Poststelle es zeitlich nicht geschafft hat, alle eingegangenen Briefe am gleichen Tag auszupacken, ist noch nie eingetreten. Auf die Formulare wird ein Barcode aufgeklebt. Er dient später dazu, die Archivierung zu ermöglichen. Der Zustand der Formulare wird mit gut beschrieben. Es gibt wenige Formulare, die unleserlich oder stark beschädigt sind. Diese Formulare werden ausgesondert und an den Kundendienst geliefert, der versucht, auch diese schwierigen Belege zu erfassen.

4.2 Lösungen zu Kapitel 2

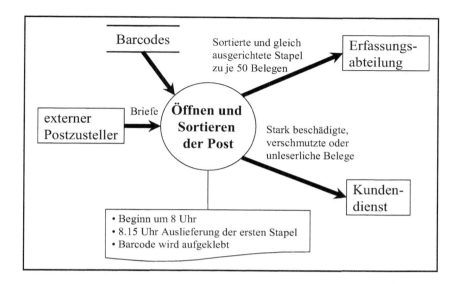

Aufgabe 18

Frage 1:
In welchem Zeitraum muss die Erfassung täglich abgewickelt werden?

Antwort:
Das Zeitfenster ist von 8.30 Uhr, wenn erfahrungsgemäß die ersten Belege von der Poststelle ausgeliefert werden bis maximal 12 Uhr.

Frage 2:
Wie viele Mitarbeiter werden eingesetzt?

Antwort:
Es werden zwischen 2 und 20 Mitarbeiter eingesetzt, je nach Arbeitsaufkommen.

Frage 3:
Sind das interne Mitarbeiter?

Antwort:
Nein, es sind alles Aushilfen, die von der Personalabteilung nach Anforderung gestellt werden.

Frage 4:
Wie können Sie die unterschiedliche Anzahl der Erfassungskräfte einplanen?

Antwort:
Dies ist nicht immer einfach. Es geschieht in Abhängigkeit von der Anzahl der verschickten Werbesendungen, aufgrund von Statistiken aus der Vergangenheit und mittels Schätzungen der Marketingabteilung.

Frage 5:
Wie häufig passiert es, dass die Anzahl der Erfassungskräfte nicht ausreicht oder dass diese nicht ausgelastet sind?
Antwort:
Dies passiert immer wieder, allerdings wird versucht, dass der erste Fall nicht eintritt, d.h. es werden eher zu viele Erfassungskräfte eingeteilt.

Frage 6:
Also müssen Sie immer wieder Erfassungskräfte nach Hause schicken, wenn zu wenig Arbeit vorhanden ist?
Antwort:
Das kann tatsächlich passieren.

Frage 7:
Wie erfolgt die Erfassung der Daten auf den Belegen?
Antwort:
Die Erfassungskräfte tragen die Daten von den Belegen in Eingabemasken ein. Dazu wird für jeden Belegtyp ein eigenes Anwendungsprogramm von der IT-Abteilung zur Verfügung gestellt. Die Masken auf dem Bildschirm sind genauso aufgebaut, wie die verschiedenen Felder auf dem Beleg angeordnet sind.

Frage 8:
Sind auf allen Belegen die gleichen Felder?
Antwort:
Nein, aber ein Großteil der Felder befindet sich auf allen Belegen.

Frage 9:
Welche Felder kommen dann vor?
Antwort:
Insgesamt können folgende Felder vorkommen:
- Adressfeld mit Vorname, Name, Straße, Hausnummer, Postleitzahl und Ort
- Bankname, Bankleitzahl und Kontonummer
- Vorwahl und Telefonnummer
- Geburtsdatum
- Barcodeinformationen
- verschiedene Angebotsfelder (bis zu 10 verschiedene Felder auf dem gleichen Beleg) zum Eintragen von Anzahlen oder zum Ankreuzen
- Belegcode

- Bezahlung per Verrechnungsscheck, Bezahlung per Überweisung, Bezahlung durch Abbuchung, Bezahlung durch Kreditkarte
- Feld für das Eintragen der Unterschrift.

Frage 10:
Welche Arten von Feldern gibt es auf den Belegen?
Antwort:
Es gibt aufgedruckte Inhalte, handgeschriebene Inhalte, Ankreuzfelder und das aufgeklebte Barcodefeld.

Frage 11:
Müssen die aufgedruckten Inhalte abgeschrieben werden?
Antwort:
Nicht alle aufgedruckten Inhalte müssen abgeschrieben werden. Jeder Beleg besitzt ein Feld, in dem ein 8-stelliger Belegcode steht. Dieser ist eindeutig. Wird dieser Code in das entsprechende Maskenfeld eingetragen, erfolgt sofort eine Abfrage in einer Datenbank. Wird dieser Code dort gefunden, was immer der Fall ist, wenn dieser fehlerfrei in die Maske eingetragen wurde, so wird das komplette Adressfeld aus der Datenbank in die Maske gefüllt. Die Erfassungskraft muss jetzt nur noch prüfen, ob der Eintrag richtig ist. Wurde manuell vom Kunden an der Adresse etwas geändert, so müssen nur diese Änderungen eingetragen werden. Alle anderen Felder müssen eingetragen werden.

Frage 12:
Können alle Erfassungskräfte alle Anwendungsprogramme für die verschiedenen Belege bedienen? Erfolgt eine Einweisung oder Schulung vorab?
Antwort:
Die Erfassungskräfte können nicht alle Anwendungsprogramme bedienen. Es erfolgt eine Einweisung für die verschiedenen Masken. Morgens wird eingeteilt, wer welche Belegart erfasst.

Frage 13:
Beinhaltet das Anwendungsprogramm irgendwelche Prüfungen der eingegebenen Feldinhalte?
Antwort:
Ja, es gibt viele Prüfungen, etwa ob eine Telefonvorwahl oder eine Bankleitzahl überhaupt existiert. Eine Prüfung, ob der Inhalt korrekt vom Beleg eingegeben wurde, kann natürlich nicht erfolgen.

Frage 14:
Wie erfährt eine Erfassungskraft, dass der Beleg vollständig erfasst ist?
Antwort:
Sind alle Pflichtfelder ausgefüllt und liegen keine Fehler in den Plausibilitätsprüfungen vor, so verschwindet dieser Beleg und es wird eine leere Maske vorgelegt. Der Datensatz wird dann automatisch zur Weiterverarbeitung übergeben.

Am Abend wird überprüft, ob die Anzahl der von der Poststelle übergebenen Formulare mit der Anzahl der zur Weiterverarbeitung übergebenen Datensätze übereinstimmt. Ist dies nicht der Fall, so werden die fehlenden Belege gesucht und eingegeben.

Frage 15:
Wie gut ist die Qualität der eingegebenen Inhalte?
Antwort:
Es werden immer wieder Stichproben überprüft. Die Qualität ist relativ gut. Besonderes Augenmerk wird auf die Bestellfelder gelegt. Es kommt aber öfters vor, dass Reklamationen von den Kunden kommen, dass ihre Bestellung falsch verarbeitet wurde.

Frage 16:
Wie viele Belege kann eine Erfassungskraft im vorgegebenen Zeitrahmen erfassen?
Antwort:
Jede Erfassungskraft erhält zu Beginn einen Stapel mit 50 Belegen. Durchschnittlich beträgt die Bearbeitungszeit 1,5 – 2 Stunden. Danach werden die noch übrigen Belege verteilt, wobei eventuell die großen Stapel zu 50 Belegen jetzt aufgeteilt werden.

Frage 17:
Können alle Belege im vorgegebenen Zeitrahmen erfasst werden?
Antwort:
Das gelingt nicht immer. Die restlichen Belege werden dann am Nachmittag erfasst, aber erst am folgenden Tag weiterverarbeitet.

Frage 18:
Kann es passieren, dass unleserliche Belege von der Poststelle nicht ausgesondert wurden?
Antwort:
Ja, diese werden in den Kundendienst gebracht. Dort wird versucht, auch diese Belege zu erfassen.

Frage 19:
Was passiert mit den Originalbelegen nach der Eingabe?
Antwort:
Diese werden der Poststelle zurückgegeben für die Archivierung.

4.2 Lösungen zu Kapitel 2   111

Aufgabe 19

Fragebogen der Firma Klick und Klack

zur Ermittlung von Eigenschaften und Abläufen in der Erfassungsabteilung

---

Die Geschäftsleitung möchte die Prozesse in der Erfassungsabteilung verbessern. Dazu wird eine Systemanalyse durchgeführt. Das Projektteam ist auf Angaben der Mitarbeiter der Erfassungsabteilung angewiesen. Bitte beantworten Sie die folgenden Fragen wahrheitsgetreu.

Abgabetermin ist der 15.04.2007

Mit freundlichen Grüßen

Gerhard Heinerl, Projektleiter

Sind die Anwendungsprogramme leicht bedienbar?

☐ ja   ☐ nein   ☐ es geht so

Wie viele Masken können Sie bedienen? [   ] Masken

Wie lange benötigen Sie für die Eingabe von 50 Belegen? [   ] Minuten

Falls Sie die letzte Frage nicht einheitlich beantworten können, geben Sie die Bearbeitungszeit für die verschiedenen Belegtypen an:

Typ 01: [   ]   Typ 02: [   ]   Typ 03: [   ]   Typ 04: [   ]

Wie ordentlich sind die Felder ausgefüllt?

☐ alle lesbar   ☐ weniger als 3% unlesbar   ☐ mehr als 3% unlesbar

Gibt es vollständig unlesbare Belege? Wenn ja, warum sind diese nicht lesbar?

Antwort:

Schätzen Sie ab, wie viele Eingabefehler Sie machen: [   ] % Fehler

Haben Sie Anmerkungen oder Verbesserungsvorschläge?

Antwort:

Die Auswertung der Fragebögen ergab folgende Ergebnisse:
- Für über 90% der Mitarbeiter sind die Anwendungsprogramme leicht bedienbar.
- Im Mittel können die Mitarbeiter 4 Masken bedienen, wobei die Bandbreite von einer Maske bis zu 8 Masken streut.
- Die Eingabezeit für 50 Belege schwankt erheblich. Die Angaben reichen von 25 Minuten bis zu 2 Stunden. Folglich ist hier die Angabe eines Mittelwertes unsinnig, da die Zeit von den expliziten Belegtypen, die täglich ankommen, stark abhängt. Auch bei den Angaben der Erfassungskräfte zu gleichen Belegen gibt es gravierende Unterschiede.
- Die Belege sind größtenteils ordentlich ausgefüllt. Es gibt aber auch völlig unleserliche Belege oder Belege von Spaßkunden. Die Ursachen für solche Belege sind Absicht oder Nässeeinwirkung.
- Die Anzahl der Eingabefehler wird auf unter 1% geschätzt. Untersuchungen, bei denen die Daten der Originalbelege mit den Erfassungsdaten verglichen wurden, ergaben aber eine Fehlerquote von über 5%, was besonders bei den Angebotsfeldern nicht toleriert werden kann. Die Kunden bekommen dann nämlich falsche Produkte oder falsche Anzahlen ausgeliefert.
- Verbesserungsvorschläge von den Erfassungskräften gab es keine, sie sind mit dem Prozess zufrieden.

Aufgabe 20

Prozessbeschreibung der Abläufe in der Erfassungsabteilung in Berichtsform:
Das tägliche Zeitfenster für die Erfassung der Belege ist von 8.30 Uhr bis 12 Uhr. Danach erfasste Belege können erst am folgenden Tag weiter verarbeitet werden. Es werden ausschließlich Aushilfskräfte eingesetzt, die von der Personalabteilung sehr kurzfristig gestellt werden. Da die Anzahl der Rückläufer taggenau nicht vorausgesagt werden kann, ist die Personalplanung schwierig. Der Prozess der Erfassung wird unterstützt durch von der IT-Abteilung zur Verfügung gestellter Anwendungsprogramme. Sie bilden den Originalbeleg durch Bildschirmmasken nach. Dort erfolgt die Eingabe, wobei das Adressfeld durch einen Datenbankabgleich automatisch gefüllt wird. Alle anderen Felder, die von Belegtyp zu Belegtyp variieren, werden von den Erfassungskräften manuell eingegeben. Die Erfassungskräfte werden in die Bedienung der Masken eingewiesen. Ein Beleg gilt als vollständig eingegeben, wenn alle Pflichtfelder gefüllt sind und keine Plausibilitätsfehler vorliegen. Die Zeitdauer für die Erfassung von 50 gleichen Belegen schwankt zwischen 25 Minuten und bis zu 2 Stunden. Die Qualität der Eingabe wird von den Erfassungskräften selbst als sehr gut beurteilt. Von der Abteilungsleitung kann dies aber nicht bestätigt werden. Es gibt häufig Reklamationen von Kunden über falsche Auslieferungen. Der Grund dafür ist eine fehlerhafte Eingabe einer Erfassungskraft. Nach Abschluss der Erfassung werden die Originalbelege der Poststelle zurückgegeben.

4.2 Lösungen zu Kapitel 2

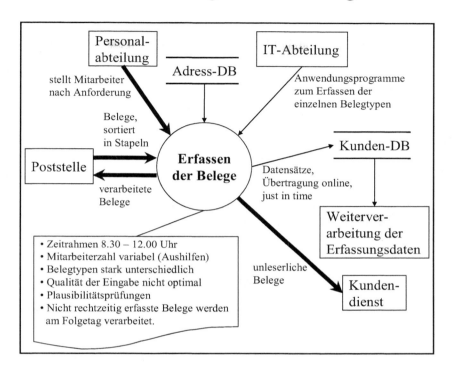

Aufgabe 21

Frage 1:
Wie lange benötigt die IT-Abteilung für die Erstellung eines Anwendungsprogramms für einen neuen Belegtyp?

Antwort:
Die Programmierung, das vollständige Testen und die Freigabe für die Produktion dauern 2 Tage.

Frage 2:
Woher erhält die IT-Abteilung die Aufforderung, ein neues Anwendungsprogramm für einen neuen Belegtyp zu erstellen?

Antwort:
Die Marketingabteilung stellt die neuen Belegtypen rechtzeitig zur Verfügung mit dem Arbeitsauftrag, dafür neue Masken für die Erfassung zu erstellen.

Frage 3:
Was geschieht, wenn ein Beleg vollständig erfasst wurde?

Antwort:
Ist ein Beleg vollständig erfasst und bedient die Erfassungskraft dann die Freigabetaste, so erscheint auf dem Bildschirm eine leere Maske zum Erfassen des nächsten Belegs. Gleichzeitig werden alle Daten in einen neuen Datensatz geschrieben und online den Programmen zur Weiterverarbeitung zur Verfügung gestellt.

Aufgabe 22

Prozessbeschreibung der Abläufe in der IT-Abteilung in Berichtsform:
Die IT-Abteilung erstellt für die Erfassungsabteilung Anwendungsprogramme, um die verschiedenen Belegtypen eingeben zu können. Die neuen Belegtypen werden rechtzeitig von der Marketingabteilung geliefert. Die Zeit für die gesamte Erstellung eines Anwendungsprogramms beträgt 2 Tage. Die Anwendungsprogramme sorgen auch dafür, dass die erfassten Daten der Weiterverarbeitung zur Verfügung gestellt werden.

Datenflussdiagramm IT-Abteilung

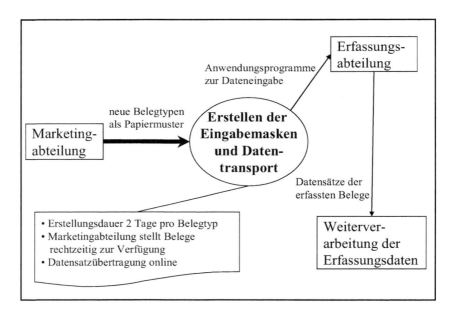

4.2 Lösungen zu Kapitel 2

Aufgabe 23

Frage 1:
Wie sehen die Belege aus? Gibt es gravierende Unterschiede?
Antwort:
Bei der Gestaltung der Belege werden nahezu alle Möglichkeiten, die es derzeit gibt, eingesetzt. Das Format der Belege ist im Bereich von der Größe einer halben Postkarte bis doppelseitig DINA3 in der Mitte gefalzt. Es gibt ein- und zweiseitige Belege. Die Papierbeschaffenheit ist sehr variabel: dünn, dick, glänzend, matt, gefaltet, nicht gefaltet. Die Anordnung der Informationen und der Lesefelder auf den Belegen ist völlig frei, sowohl die Position als auch die Farbgestaltung betreffend.

Frage 2:
Wann werden wie viele Belege verschickt und wie ist die geschätzte Zahl an Rückläufern?
Antwort:
Die Belege werden in vier Phasen pro Jahr verschickt, und zwar jeweils im ersten Monat eines jeden Quartals. Der Versand erfolgt immer mittwochs. Dabei werden pro Versandtag zwischen einem und vier verschiedene Belegtypen verschickt mit einer Einzelauflage von 1-2 Millionen Stück. Die Anzahl der Rückläufer wird mit statistischen Methoden geschätzt und unterliegt der üblichen Unsicherheit.

Frage 3:
Werden die neuen Belegtypen der IT-Abteilung rechtzeitig zur Verfügung gestellt?
Antwort:
Ja, hier gab es noch nie Engpässe oder Zeitverzögerungen.

Aufgabe 24

Prozessbeschreibung der Abläufe in der Marketingabteilung in Berichtsform:
Die Marketingabteilung entwirft die neuen Belegtypen rechtzeitig und nutzt dabei alle derzeit üblichen gestalterischen Möglichkeiten aus. Die neuen Belegtypen werden der IT-Abteilung übermittelt mit dem Arbeitsauftrag, dafür Anwendungsprogramme zu erstellen. Die Belege werden in vier Phasen pro Jahr verschickt, und zwar jeweils im ersten Monat eines jeden Quartals. Der Versand erfolgt immer mittwochs. Dabei werden pro Versandtag zwischen einem und vier verschiedene Belegtypen verschickt mit einer Einzelauflage von 1-2 Millionen Stück. Die Anzahl der Rückläufer wird mit statistischen Methoden geschätzt und unterliegt der üblichen Unsicherheit. Sämtliche Daten darüber werden der Erfassungsabteilung rechtzeitig mitgeteilt.

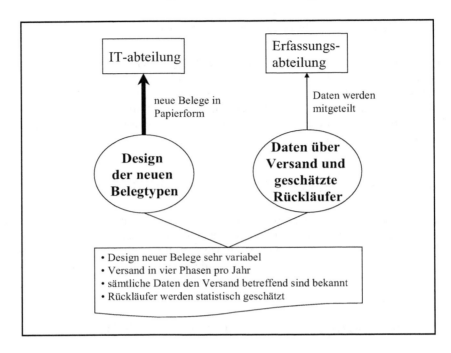

Aufgabe 25

Frage 1:
Gibt es nur externe Erfassungskräfte?

Antwort:
Ja.

Frage 2:
Mit welcher Vorlaufzeit müssen diese angefordert werden?

Antwort:
Das Potential der Aushilfskräfte ist nahezu unbeschränkt. Die am Vortrag angeforderte Anzahl kann immer zur Verfügung gestellt werden.

Frage 3:
Welche Kosten verursachen die Mitarbeiter?

4.2 Lösungen zu Kapitel 2

Antwort:
Diese Daten können zur Verfügung gestellt werden. Für die Darstellung der Prozesse sind sie aber nicht notwendig. Die Daten werden für die Wirtschaftlichkeitsanalyse benötigt, die aber im Rahmen der Fallstudie nicht durchgeführt wird.

Aufgabe 26

Prozessbeschreibung der Abläufe in der Personalabteilung in Berichtsform:
Die Personalabteilung stellt die jeweils am Vortag von der Erfassungsabteilung angeforderte Anzahl von externen Erfassungskräften zur Verfügung.

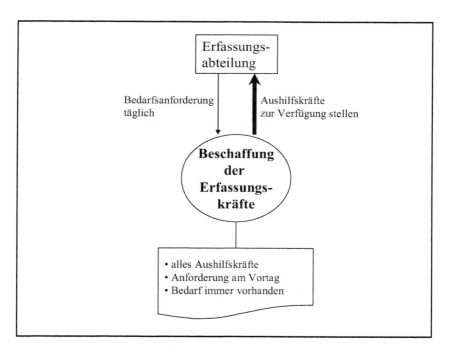

Aufgabe 27

Frage 1:
Welche Rolle spielt die Geschäftsleitung beim Erfassungsvorgang?

Antwort:
Die Geschäftsleitung beauftragt die Marketingabteilung mit der vollständigen Planung und Durchführung der Werbeaktionen. Der Auftrag beinhaltet die Vorgabe von Strategien und Zielen.

Frage 2:
Welche Kostenparameter werden für die Wirtschaftlichkeitsanalyse benötigt?
Antwort:
Diese Daten können zur Verfügung gestellt werden. Für die Darstellung der Prozesse sind sie aber nicht notwendig. Die Daten werden für die Wirtschaftlichkeitsanalyse benötigt, die aber im Rahmen der Fallstudie nicht durchgeführt wird.

Aufgabe 28

Prozessbeschreibung der Abläufe in der Geschäftsleitung in Berichtsform:
Die Geschäftsleitung beauftragt die Marketingabteilung mit der vollständigen Planung und Durchführung der Werbeaktionen. Dies beinhaltet die Vorgabe von Strategien und Zielen.

Datenflussdiagramm Geschäftsleitung

Aufgabe 29

Die ersten beiden Fragen gehen an die Poststelle wegen der Aussage der Erfassungsabteilung, dass die erfassten Belege wieder an die Poststelle zurückgegeben werden.

Frage 1:
Wie erfolgt die Archivierung?
Antwort:
Die Belege werden zweimal wöchentlich von einem externen Dienstleister abgeholt. Er liefert dann spätestens zwei Tage später Folgendes aus:
- die Originalbelege
- Mikrofilme, auf denen die einzelnen Belege verfilmt sind
- ein Datenband.

Frage 2:
Was passiert mit diesen Dingen?
Antwort:
Die Originalbelege werden vernichtet. Die Mikrofilme werden im Keller im Archiv gelagert. Dort werden sie von einem Kundendienstmitarbeiter gegebenenfalls geholt. Die Datenbänder werden der IT-Abteilung ausgeliefert.

Die letzte Frage geht an die IT-Abteilung.

Frage 3:
Was passiert mit den Datenbändern?
Antwort:
Die Datenbänder werden ausgelesen. Sie enthalten Datensätze, die aus den Feldern Barcode, Filmnummer und Bildnummer bestehen. Diese kleinen Datensätze werden in die bei der Erfassung angelegten Kundendatensätze integriert. Dazu war der Barcode nötig, denn er ist als Schlüssel in beiden Datensätzen enthalten. So kann ein Mitarbeiter im Kundendienst aus dem Kundendatensatz den Mikrofilm ablesen, auf dem der Beleg archiviert ist.

Aufgabe 30

Prozessbeschreibung der Archivierung in Berichtsform:
Die erfassten Belege werden an einen externen Dienstleister übergeben. Dieser erstellt zweimal wöchentlich von allen Belegen Mikrofilme und Datenbänder. Die Datenbänder ermöglichen das Auffüllen der Kundendatensätze mit der Information für die Archivierung. Die Mikrofilme werden im Archiv gelagert und gegebenenfalls vom Kundendienst bei Reklamationen benutzt.

Datenflussdiagramm Archivierung

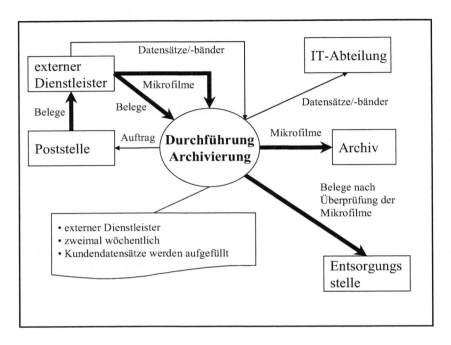

Aufgabe 31

Prozessbeschreibung der gesamten Erfassung einschließlich der benachbarten Systeme in Berichtsform:
Die Geschäftsleitung gibt in regelmäßigen Abständen der Marketingabteilung Aufträge zur Abwicklung von Werbephasen. Von der Marketingabteilung werden dazu insbesondere Belege entworfen, mit denen die potentiellen Kunden Bestellungen vornehmen können. Ist ein vollständiger Werbebrief entwickelt, wird der Bestellbeleg der Programmierabteilung übermittelt, damit dort Anwendungsprogramme zur Dateneingabe der Rückläufer erstellt werden. Die gesamten Versanddaten werden der Erfassungsabteilung rechtzeitig mitgeteilt, um eine Personalplanung durchführen zu können. Das Erfassungspersonal wird von der Personalabteilung bereitgestellt. Es besteht ausschließlich aus externen Aushilfen. Dies sind alles Prozesse, welche die eigentliche Erfassung gar nicht betreffen. Diese wird im Folgenden beschrieben. Jeden Morgen werden die Briefe von einem externen Postzusteller angeliefert. In der Poststelle werden die Briefe ausgepackt, die Bestellscheine (Belege) getrennt, ein Barcode aufgeklebt und nach Belegtypen sortiert. Aus diesen Belegen werden Stapel gebildet und der Erfassungsabteilung übergeben. Dort werden die Belege mit Anwendungsprogrammen erfasst. Adressen werden aus einer Datenbank zugesteuert. Die erzeugten Datensätze werden an die Kundendatenbank übertragen und stehen der Weiterverarbeitung zur Verfügung. Nicht lesbare Belege werden zum Kundendienst gebracht. Dort wird versucht, auch diese Belege zu erfassen. Nach Abschluss der Erfassung werden die Belege von einem

externen Dienstleister zur Vorbereitung der Archivierung abgeholt. Dieser erstellt Mikrofilme und Datensätze mit den Filmdaten. Die Mikrofilme gelangen ins Archiv, die Datensätze werden mit den Datensätzen der Kundendatenbank verbunden. Sobald die Mikrofilme überprüft sind, werden die Originalbelege entsorgt.

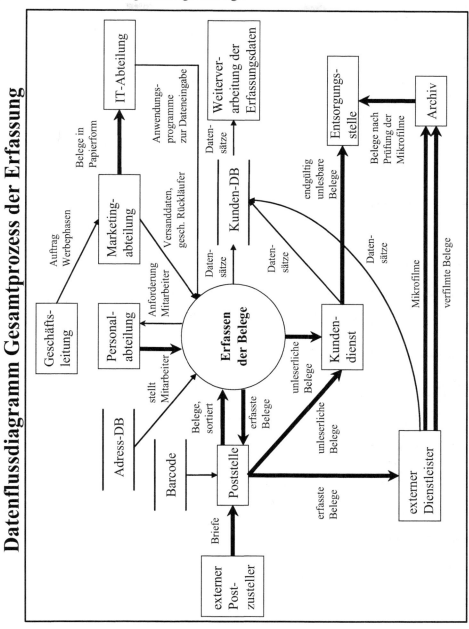

Aufgabe 32

Datenkatalog für den Beleg der Firma Klick und Klack
Aus Platzgründen ist der Datenkatalog für jedes Feld des Belegs in folgender Form aufgeschrieben:

Feldname	Feldart	Datentyp	Feldlänge
Pflichtfeld	Prüfungen	Beziehung zu	Bemerkungen
Adresse	aufgedruckt	Zeichenkette	80
ja	Prüfung auf Veränderungen	Belegcode	zusammengesetzt aus Titel, Vorname, Nachname, Strasse, Hausnummer, PLZ und Ort
Glückszahlen	aufgedruckt	Ziffern	4 Stück zu je 5 Zeichen
ja	Anzahl gleich 4	zu Angebot	keine
Belegcode	aufgedruckt	Zeichenkette	genau 7
ja	genau 7 Zeichen	zu Adresse	Adresse ist unter dem Belegcode in DB abgelegt
Angebot	Kreuzfeld	boolean	genau 1
nein	keine	zu Glückszahlen	keine
Anzahl Lose mit bel. Glückszahlen	Handschrift	Ziffern	2
nein	müssen Ziffern sein	keine	keine
Anzahl Lose mit festen Glückszahlen	Handschrift	Ziffern	2
nein	müssen Ziffern sein Anzahlprüfung	zu zusätzliche Glückszahlen	keine

4.2 Lösungen zu Kapitel 2

zusätzliche Glückszahlen	Handschrift	Ziffern	4 Stück zu je 5 Zeichen
nein ja, falls bestellt	müssen Ziffern sein Anzahlprüfung	zu Anzahl Lose mit festen Glückszahlen	keine

Bankname	Handschrift	Zeichenkette	50
nein ja, falls Bankeinzug	gegen BLZ	zu BLZ und Kontonummer	keine

Bankleitzahl	Handschrift	Ziffern	genau 8
nein ja, falls Bankeinzug	gegen Bankname	Bankname und Kontonummer	BLZ und Kontonummer müssen beide ausgefüllt sein

Kontonummer	Handschrift	Ziffern	10
nein ja, falls Bankeinzug	gegen BLZ	Bankname und Kontonummer	BLZ und Kontonummer müssen beide ausgefüllt sein

Bankeinzug	Kreuzfeld	boolean	genau 1
genau eins von Bankeinzug Rechnung Scheck Kreditkarte	siehe links	BLZ und Kontonummer	falls angekreuzt müssen BLZ und Kontonummer ausgefüllt sein

Rechnung	Kreuzfeld	boolean	genau 1
genau eins von Bankeinzug Rechnung Scheck Kreditkarte	siehe links	keine	keine

Scheck	Kreuzfeld	boolean	genau 1
genau eins von Bankeinzug Rechnung Scheck Kreditkarte	siehe links	keine	keine
Kreditkarte	Kreuzfeld	boolean	genau 1
genau eins von Bankeinzug Rechnung Scheck Kreditkarte	siehe links	keine	Daten anfordern
Telefonnummer	Handschrift	Ziffern	14
nein	auf Längen	Adresse	keine
Geburtsdatum	Handschrift	Ziffern dd.mm.yy	14
nein	plausibel und über 18 Jahre	Adresse	keine
Unterschrift	Handschrift	boolean	genau 1
ja	ob unterschriftähnlich	keine	Regel nötig, falls nicht unterschrieben

Aufgabe 33

Pflichtenheft	Fa. Klick und Klack

Projekt Vollautomatisches Formulardatenerfassungssystem, VF2007
Auftragsdatum: 15.09.2007

Inhaltsverzeichnis

1 Rahmenbedingungen / Grundlagen
1.1 Ansprechpartner
1.2 Vertraulichkeit
1.3 Richtlinien und Konventionen
1.4 Einzusetzende Tools / Werkzeuge
2 Auftragsbeschreibung
2.1 Ziele
2.2 Fachliche Anforderungen
2.3 Aufgabenabgrenzung
2.4 Fachliche Abstimmung
2.5 Datensammlung/Informationsbedarf
2.6 Migrationsanforderungen
2.7 Schnittstellen zu anderen Verfahren/Systemen
2.8 Technische Anforderungen
2.8.1 DV-technisches Umfeld
2.8.2 Systemanforderungen
3 Datenschutz- und Datensicherheitsanforderungen
4 Produktübergabe
4.1 Termine
4.2 QS-Maßnahmen
4.3 Erwartete Produktqualität
4.4 Übergabeobjekte
5 Weitere Vereinbarungen
6 Berichterstattung
7 Anlagen
8 Vertragsanlagen

Pflichtenheft, Seite 1

1	Rahmenbedingungen / Grundlagen
1.1	Ansprechpartner

Gerhard Heinerl, Projektleiter, Fa. Klick und Klack, Tel.: xxxxx/yyyyy

1.2	Vertraulichkeit

Sämtliche in diesem Pflichtenheft beschriebenen Inhalte sind vertraulich und dürfen nicht an Dritte weitergegeben werden.

1.3	Richtlinien und Konventionen

Software-Architektur: Framework der Fa. Klick und Klack
Programmierrichtlinien laut Dokument PRT.doc
Qualitätsstandards nach Richtlinien der Fa. Klick und Klack
Datenschutz und Datensicherheit nach Rahmenvertrag

1.4	Einzusetzende Tools / Werkzeuge

Standard-Werkzeug für UML Modellierung
Programmiersprache C++ oder JAVA

2	Auftragsbeschreibung
2.1	Ziele

Ablösung des Altsystems:

Datenflussdiagramm Gesamtprozess der Erfassung

[Datenflussdiagramm mit folgenden Elementen: Geschäftsleitung, Personalabteilung, Marketingabteilung, IT-Abteilung, Adress-DB, Barcode, externer Postzusteller, Poststelle, Erfassen der Belege, Kunden-DB, Weiterverarbeitung der Erfassungsdaten, Kundendienst, externer Dienstleister, Entsorgungsstelle, Archiv]

Pflichtenheft, Seite 2

4.2 Lösungen zu Kapitel 2

Systemanforderungen:
- Nahezu voll-automatisches System zur Datenerfassung von ca. 60 verschiedenen Formularen pro Jahr
- Abarbeitung von bis zu 10.000 Belegen pro Tag bis 12.00 Uhr mittags
- Nutzung in den restlichen 8 Monaten soll gewährleistet sein
- 10 Originalformulare sind gestellt, für die muss das System ohne Mängel funktionieren
- Erstellung der Belegmasken zur Erkennung muss schnell und einfach erfolgen

2.2 Fachliche Anforderungen

Fachvorgaben werden von den Abteilungen Marketing und Programmierung geliefert.

2.3 Aufgabenabgrenzung

Es soll nur der Erfassungsprozess neu gestaltet werden. Vorgänger- und Nachfolgerprozesse werden im Rahmen dieses Projekts nicht analysiert und optimiert.

2.4 Fachliche Abstimmung

Wird im Rahmen des Projekts nach Bedarf geleistet.

2.5 Datensammlung/Informationsbedarf

Die Daten werden aus dem System in Abstimmung mit der Programmierabteilung auf die Kunden-DB übertragen.

2.6 Migrationsanforderungen

keine

2.7 Schnittstellen zu anderen Verfahren/Systemen

siehe 2.5, Schnittstelle zu einem Bildarchiv

2.8 Technische Anforderungen

2.8.1 DV-technisches Umfeld

siehe Anlage, Systemumgebung der Fa. Klick und Klack

2.8.2 Systemanforderungen

siehe Anlage, Systemanforderungen der Fa. Klick und Klack

3 Datenschutz- und Datensicherheitsanforderungen

Grundlage ist der Datenschutzvertrag der Fa. Klick und Klack

Pflichtenheft, Seite 3

4 Produktübergabe

4.1 Termine

01.11.2007	Präsentation Umsetzung des Sollkonzepts
01.02.2008	Präsentation erster Prototyp
laufend	Präsentation weiterer Prototypen
01.11.2008	Installation des System
01.01.2009	Start der Produktion

4.2 QS-Maßnahmen

umfassende Tests in allen Projektphasen

4.3 Erwartete Produktqualität

entsprechend den üblichen Anforderungen der Fa. Klick und Klack

4.4 Übergabeobjekte

alle Hardwarekomponenten

sämtliche Dokumentationen

vollständiger Quellcode

5 Weitere Vereinbarungen

Entwicklungsstandort ist der Firmensitz des externen Partners

6 Berichterstattung

Projektfortschrittsberichte nach Bedarf und Zwischenpräsentationen

Anwendungsdokumentation

7 Anlagen

Fachvorgaben

Systemumgebung der Fa. Klick und Klack

Systemanforderungen der Fa. Klick und Klack

Datenschutzvertrag der Fa. Klick und Klack

8 Vertragsanlagen

keine

Pflichtenheft, Seite 4

4.2 Lösungen zu Kapitel 2

Aufgabe 34

Die Zuordnung erfolgt durch Ankreuzen in folgender Tabelle.

	Projektbegründung	Istanalyse	Sollkonzept	Systementwurf	Realisierung	Einführung
Bedienungsanleitung						X
Beobachtungsmethode		X				
Berichtsmethode		X				
Beteiligung	X	X	X	X	X	X
Datenflussdiagramm		X				
Datenkatalog		X				
Einzelbefragung		X				
Entity-Relationship-Diagramm		X		X		
Entscheidungsbaum		X	X	X	X	X
Entscheidungstabelle		X	X	X	X	X
Fragebogenmethode		X				
Implementierung					X	
Informationsgewinnung		X				
Installation						X
Installationshandbuch						X
Interviewmethode		X				
Inventurmethode		X				
Konferenz		X				
Konfigurationsmanagement	X	X	X	X	X	X
Modelle		X	X	X		
Phasenmodell	X	X	X	X	X	X
Produktivschaltung					X	
Projektauftrag	X					
Projektmanagement	X	X	X	X	X	X
Prozessbeschreibung		X	X			

Pseudocode		X	X			
Qualitätsmanagement	X	X	X	X	X	X
Quellcode				X		
Schulungsphase						X
Strukturierte Analyse		X				
System	X	X	X	X	X	X
Systemarchitektur				X		
Testen					X	X
Testfälle					X	X
Vorgehensmodell	X	X	X	X	X	X
Wartung						X

4.3 Lösungen zu Kapitel 3

Aufgabe 1

Nachteile:
- spät erkannter Fehler teuer
- Auslieferungszeitpunkt sehr spät
- unflexibel
- spätes Testen
- kein Zugriff auf vergangene Phasen
- keine Prototypen
- nur ein Rücksprung
- Wartezeiten möglich
- schwierige Fehlersuche, da Teams schon weg
- für OO kaum anwendbar
- bei sehr großen Systemen unübersichtlich
- Kommunikation nicht gut, Probleme bei Rücksprung
- keine langfristige Weiterentwicklungsstrategie
- ROI sehr spät
- Einteilung in solche Phasen nicht immer möglich
- frühe Festschreibung der Anforderungen oft nicht möglich
- kein evolutionärer Prozess
- kein in sich geschlossener Kreislauf
- Kosten- und Ressourcenplanung zu Beginn oft nicht möglich
- Nachbesserungen oft teuer
- durch lange Dauer kann die Software veraltet sein
- alle Wünsche der Auftraggeber müssen zu Beginn bekannt sein

- unflexibel in Bezug auf Änderungen
- Kontrolle der Ergebnisse oft schwierig
- Anwender sieht erst das fertige Produkt
- kein paralleles Arbeiten
- kein QM
- ungenügende Fehlerkontrolle
- man muss warten bis vorige Phase Ergebnisse liefert
- nicht universell einsetzbar
- Pflichtenheft muss korrekt sein
- Wartung ist die Phase mit 50-60% des Gesamtaufwands
- keine risikoorientierte Vorgehensweise

Vorteile:
- Einteilung in Phasengruppen bzgl. der Teams
- logische Gliederung
- Verantwortung klar verteilt
- universell einsetzbar
- leicht verständlich
- klare Trennung der Phasen
- Vorleistung und Output pro Phase klar definiert
- Kosten auf Phasen zuordenbar
- Status genau erkennbar
- Meilensteine setzbar
- Abbildung auf einer Zeitachse
- Stärke von Mitarbeiter kann gezielt genutzt werden
- klare Fehlerzuordnung zur Vorgängerphase
- Kontrollmechanismen zum Vorgänger
- auch von Teams mit durchschnittlichem Leistungsvermögen einsetzbar
- Managementeinsatz hält sich in Grenzen

Aufgabe 2

Vorteile:
- Aufgabe der Philosophie, dass die Phasen in Vorgehensmodellen strikt nacheinander ablaufen
- IBM bietet ein kommerzielles Produkt an
- Anforderungen der Benutzer können in Iterationen verfeinert werden
- stetige Qualitätssteigerung durch sinnvolles QM
- Änderungen sind leicht einzuarbeiten, da iterativ
- die Ziele jeder Iteration sind klar vorgegeben
- Prozessunterstützung durch eine Vielzahl von Tools der Firmen Rational bzw. IBM
- Iterationen unterstützen eine risikobasierte Vorgehensweise
- Es gibt viele kommerzielle Schulungsmöglichkeiten.

Nachteile:
- noch keine DIN-Standards integriert
- QM ist keine eigene Phase oder Arbeitsbereich
- Iterationen sind mit Phasen, nicht mit Bausteinen oder Arbeitsergebnissen verbunden
- ständige Abhängigkeit von unterstützender Software der Firmen Rational bzw. IBM
- kostenpflichtig
- Einarbeitungszeit für Projektleiter und Projektteam hoch.

Aufgabe 3

Vorteile:
- wirklichkeitsnahe Weiterentwicklung von Code and Fix, Mischung von Hacking und Vorgehensmodellen
- menschliche Komponente sehr stark berücksichtigt
- Prototyping ist integriert
- wenig Aufwand für Dokumentation, wenig overhead
- hohe Flexibilität während des gesamten Prozesses
- schneller Entwicklungsprozess
- innovative Konzepte

Nachteile:
- viele kleine Releases
- keine ausreichende Dokumentation
- nur für kleinere Projekte geeignet
- Sicherheit sehr fragwürdig
- häufig Misserfolg durch falsche Anwendung

Aufgabe 4

Die Auswahl muss spezifisch von der Aufgabenstellung abhängen. Hier gibt es einige Faustregeln. Für kleine Projekte eignen sich das Wasserfallmodell oder XP. Größere bzw. komplexe Projekte sollten mit iterativen Modellen abgewickelt werden. In der Industrie ist der Standard der RUP, wobei bei Projekten im öffentlichen Sektor das V-Modell dominiert.

Literatur- und Quellenverzeichnis

[1] **Balzert, Heide**
Lehrbuch der Objektmodellierung. Analyse und Entwurf, Spektrum Adademischer Verlag 2004, 2. Auflage

[2] **Balzert, Helmut**
Lehrbuch der Software-Technik, Band 2, Software-Management, Software-Qualitätssicherung und Unternehmensmodellierung, Spektrum Akademischer Verlag 1997

[3] **Bartsch-Beuerlein, S.**
Qualitätsmanagement in IT-Projekten. Planung, Organisation, Umsetzung, Hanser Fachbuch 2000

[4] **Boehm, B**.
A Spiral Model of Software Development and Enhancement, in IEEE Computer. Vol. 21, Ausg. 5, 1988

[5] **Burghardt, M.**
Projektmanagement, Publicis MCD Verlag München 2002, 6. Auflage

[6] **Elmasri, R. und Navathe, S. B.**
Grundlagen von Datenbanksystemen, Pearson Studium 2005, 3. Auflage

[7] **Gembrys, S. und Herrmann, J.**
Qualitätsmanagement, Haufe 2006

[8] **Häuslein, A.**
Systemanalyse, Vde-Verlag 2003

[9] **Heilmann, H., Etzel, H.J., und Richter, R.**
IT-Projektmanagement – Fallstricke und Erfolgsfaktoren, Dpunkt.verlag, Heidelberg 2003, 2. Auflage.

[10] **Heinrich, G. und Grass, J.**
Operations Research in der Praxis, R. Oldenbourg Verlag 2006

[11] **Heinrich, G. und Stuck, K.**
Objektorientierte Systemanalyse, R. Oldenbourg Verlag 2007

[12] **Jenny, B.**
Projektmanagement in der Wirtschaftsinformatik,
vdf Hochschulverlag 2001, 5. Auflage

[13] **Kamiske, G. F. und Brauer, J.-P.**
Qualitätsmanagement von A bis Z. Erläuterungen moderner Begriffe des Qualitätsmanagements, Hanser Wirtschaft 2005, 5. Auflage

[14] **Kemper, A. und Eickler, A:**
Datenbanksysteme - Eine Einführung, R. Oldenbourg Verlag 2006, 6. Auflage

[15] **Klose, B.**
Projektabwicklung, Ueberreuter Verlag 2002, 4. Auflage

[16] **Krallmann, H., Frank, H. und Gronau, N.**
Systemanalyse im Unternehmen, R. Oldenbourg Verlag 2002, 4. Auflage

[17] **Mayer, H.**
Interview und schriftliche Befragung, R. Oldenbourg Verlag 2006, 2. Auflage

[18] **McConnell, S.**
Software Project Survival Guide. Microsoft Press 1998

[19] **Molzberger, P. und Schelle, H.**
Software, R. Oldenbourg Verlag 1985

[20] **Oesterreich, B.**
Objektorientierte Softwareentwicklung - Analyse und Design mit der UML,
R. Oldenbourg Verlag 2001, 5. Auflage

[21] **ohne Verfasser**
homepage der Allianz Gruppe, www.allianz.de, Januar 2007

[22] **ohne Verfasser**
Informationen zum RUP
www-306.ibm.com/software/rational oder www.ibm.com/software/awdtools/rup,
Januar 2007

[23] **ohne Verfasser**
homepage des Schwarzwaldmarathons,
www.schwarzwald-marathon.de, Januar 2007

[24] **ohne Verfasser**
homepage der Fa. Verisign, www.verisign.de, Januar 2004

[25] **Royce, W.**
Managing the Development of Large Software Systems: Concepts and Techniques, in IEEE WESCON 1970

[26] **Rupp, C. und SOPHIST GROUP**
Systemanalyse kompakt, Spektrum Akademischer Verlag 2004

[27] **Stahlknecht, P. und Hasenkamp, U.**
Einführung in die Wirtschaftsinformatik, Springer 2004, 11. Auflage

[28] **Versteegen, G.**
Software-Management: Beherrschung des Lifecycles, Springer Berlin 2002

[29] **Weischedel, G. und Versteegen, G.**
Konfigurationsmanagement, Springer 2002

Index

A

Abstraktion 9
Administrationshandbuch 53
Aktivitäten 79
Analysis 67
Artefakte 79

B

Bedienungsanleitung 53
Benutzerdokumentation 53
Beobachtungsmethode 29, 32, 34
Bericht 41, 43
Berichtsmethode 29, 32
Beteiligung 27
Beteiligungsform 27
Betrieb 64, 68
Business Modeling 79

C

Change Management 79
change request 22
Code and Fix 63, 67
codegetrieben 71
Coding 67
Configuration & Change Management 79
Configuration Management 79
Construction Phase 78

D

Daten 65
Datenflussdiagramm 35
Datenkatalog 35, 37, 38, 41

Deployment 79
Design 68

E

Einführung 14, 53
Elaboration Phase 78
Elemente 7
Entscheidungsbaum 41, 42, 44
Entscheidungstabelle 41, 42, 44
Environment 79
ER-Diagramm 35, 45

F

Fallstudie 1
Feinentwurf 68
Fragebogenmethode 29, 31
Funktion 65

G

Grobentwurf 68

I

Implementation 68, 79
Implementierung 52, 64, 68
Inception Phase 78
Information 28
Informationsgewinnung 26, 29, 34
inkrementell 63, 71, 76, 80, 81
Input 7
Installation 53, 68
Installationshandbuch 53
Integration 68

Interviewmethode 29, 34
   Einzelbefragung 30
   Gruppenbefragung 30
   Konferenz 30
   nicht-standardisiert 29
   offen 29
   standardisiert 29
   verdeckt 30
Inventurmethode 29, 33, 34
Istanalyse 14, 25, 46
Iteration 72
iterativ 5, 63, 71, 74, 77, 80, 81

K

Komponentenentwurf 64
Komponententest 64
Konfigurationsmanagement 1, 14, 20, 75

M

Modell 9, 65
   analog 10
   Erklärungsmodell 10
   gegenständlich 10
   ikonisch 10
   konventionell 65
   mental 10
   objektorientiert 65
   Optimierungsmodell 10
   Prognosemodell 10
   Simulationsmodell 10
   sprachlich 10
   symbolisch 10

N

Netzplantechnik 14

O

Operations 67
Output 7

P

Pair-Programming 80
Pfad 18
   kritisch 18
Pflichtenheft 47, 48, 50, 65

Phasenmodell 2, 3, 5
Potentialanalyse 25, 46, 47
Problemanalyse 3, 64, 68
Problemstellung 64
Produktivschaltung 53
Program Design 67
Projekt 14
Projektauftrag 20, 21, 22, 24, 25, 46, 48
Projektbegründung 14, 20, 21, 25
Projektmanagement 1, 14, 75, 76, 79
Prototyp 69, 71, 72, 80
   evolutionärer 70
   schneller 70
Prototyping 63, 69
Prozess 65
Prozessbeschreibung 35, 41
Pseudocode 41, 43, 45

Q

Qualitätslenkung 20
Qualitätsmanagement 1, 14, 20
Qualitätsplanung 20
Qualitätspolitik 20
Qualitätssicherung 5, 20, 75
Qualitätsverbesserung 20
Quellcode 52

R

Realisierung 14, 48, 52, 53
Relationen 7
Releaseverwaltung 20
Requirement Analysis 68
Requirements 79
Risikoorientierung 71
Rückwärtsrechnung 18
RUP 63, 65, 76, 77

S

Schulungsphase 53
Software Requirements 67

Softwareentwicklung 2, 63, 65
Softwarelebenszyklus 63, 64
Sollkonzept 14, 25, 46, 47
Spezifikation 3
Spiralmodell 63, 71, 73, 80
Stand-Up Meeting 81
Story Points 81
Strukturierte Analyse 35, 46
Strukturplanung 15, 16
System 6
   abstrakt 8
   deterministisch 8
   dynamisch 8
   Entstehungsart 8
   geschlossen 8
   ideell 8
   konkret 8
   Konkretisierungsgrad 8
   künstlich 8
   Lebensbereich 8
   natürlich 8
   offen 8
   real 8
   statisch 8
   stochastisch 8
System Requirements 67, 68, 72
Systemanalyse 1, 2, 3, 5, 14, 15, 25
Systemarchitektur 50, 65
Systemdokumentation 53
Systementwicklung 1, 3, 5, 13, 24
Systementwurf 14, 48, 50, 52, 64
Systemerstellung 1, 75
Systemgrenze 7

Systemspezifikation 53, 64, 68
Systemtest 64
Systemtheorie 2, 7

T
Tailoring 75
Test 79
Testen 52
Testing 67
Transition Phase 78

V
Versionsverwaltung 20
V-Modell 63, 73, 74, 75
Vorgehensmodell 13, 63, 65
Vorwärtsrechnung 18

W
Wartung 53, 64, 68
Wasserfallmodell 63, 65, 67, 68, 69, 73
Worker 79
Workflows 79
Workflowsteuerung 65

X
XP 63, 80

Z
Zeitplanung 15, 17
Zustand 65